民族文字出版专项资金资助项目

藏族嘉言萃珍（藏汉对照绘图本）

༄། །ཆུ་ཤིང་བསྟན་བཅོས།

水木格言

贡塘·丹白准美　著

龙仁青　译

青海人民出版社

图书在版编目（CIP）数据

水木格言：绘图本：藏汉对照 /（清）贡塘·丹白准美著；龙仁青译．-- 西宁：青海人民出版社，2019.11（2021.7 重印）
（藏族嘉言萃珍）
ISBN 978-7-225-05883-2

Ⅰ．①水… Ⅱ．①贡… ②龙… Ⅲ．①藏族—格言—汇编—中国—藏、汉 Ⅳ．① H214.3

中国版本图书馆 CIP 数据核字（2019）第 271305 号

藏族嘉言萃珍

水木格言（藏汉对照绘图本）

（清）贡塘·丹白准美　著

龙仁青　译

出 版 人　樊原成
出版发行　青海人民出版社有限责任公司
西宁市五四西路 71 号　邮政编码：810023　电话：（0971）6143426（总编室）
发行热线　（0971）6143516 / 6137730
网　　址　http://www.qhrmcbs.com
印　　刷　青海雅丰彩色印刷有限责任公司
经　　销　新华书店
开　　本　787 mm × 1092 mm 1/32
印　　张　8.125
字　　数　100 千
版　　次　2020 年 1 月第 1 版　2021 年 7 月第 3 次印刷
书　　号　ISBN　978-7-225-05883-2
定　　价　32.00 元

༄། །དཀར་ཆག

目 录

༄། །ལེགས་པར་བཤད་པ་ཆུའི་བསྟན་བཅོས་ལུགས་གཉིས་རླབས་ཕྲེང་བརྒྱ་ལྡན་ཞེས་བྱ་བ་བཞུགས་སོ། །

水之格言·二道具百波纹

1

མཁྱེན་པའི་གཏིང་མཐའ་མི་མངོན་ཞིང་། །
ཐུགས་རྗེའི་ཡིད་བཞིན་ནོར་གྱིས་གཏམས། །
མཛད་པའི་རྦ་རླབས་ཕྲེང་གཡོ་བ་ཅན། །
ཐུབ་དབང་ཆོས་ཀྱི་རྒྱ་མཚོ་རྒྱལ། །

慧识广大无边际，
饰以慈悲如意宝，
善业浪涛翻滚者，
能仁法王祈胜利！

2

རྙོག་བྲལ་དྭངས་པའི་ཆུ་རྒྱུན་གྱིས། །
ལུས་ཅན་གདུང་བ་ཞི་བྱེད་ལྟར། །
ལེགས་བཤད་གསར་པའི་བདུད་རྩི་ཡིས། །
བློ་ལྡན་སྐྱེ་བོར་དབུགས་དབྱུང་བྱ། །

清澈无瑕之溪流，

息除众人燥热般。

且以格言之甘露，

慰藉智慧善君子。

3

དྲི་བཟང་བསྒོས་པའི་ཆུ་གཙང་དེ། །
མཆོད་ཡོན་ཞབས་བསིལ་བསང་གཏོར་སོགས། །
གང་དུ་བྱས་ཀྱང་ལེགས་པ་ལྟར། །
ལེགས་བཤད་གཏམ་ནི་ཀུན་ལ་མཛེས། །

浸染芳香之圣水，
用于桑供或浴足。
皆有无上清净般，
善美格言亦如此。

4

ལུགས་གཉིས་སླད་དོར་ཤེས་པ་ཡིས།།
གནས་སྐབས་མཐར་ཐུག་དོན་འགྲུབ་སྟེ།།
བརྟག་པ་ཀུན་ལ་མཁས་པ་ཡི།།
དེད་དཔོན་རྒྱ་མཚོར་ཞུགས་པ་བཞིན།།

通晓僧俗二道者，
眼前将来皆成事。
善于观测之舵手，
航游大海无忧虑。

5

ཆུ་ཕྲན་བརྒལ་བར་མི་ནུས་དེས། །
རྒྱ་མཚོ་རྐྱལ་གྱིས་ག་ལ་ཆོད། །
ཡ་རབས་ལུགས་ཀྱང་མི་ཤེས་ན། །
ཆོས་ཀྱི་དེ་ཉིད་ཇི་ལྟར་རྟོགས། །

尚无蹚河之能力，
何以横游过大海？
尚不知晓君子道，
何以通晓佛旨意？

6

གཟུར་གནས་རིག་པར་ལྡན་པ་དེས།།
གཞན་གྱི་ཡོན་ཏན་ལེན་པར་བྱེད།།
སྤང་ལྗོངས་གཙང་མའི་དལ་འགྲོ་མ།།
ལྷུང་ལྷུང་ཟེར་ཞིང་མེ་ཏོག་འཐུ།།

正义公道之君子，
善向他人讨学识。
碧野之上小溪流，
潺潺流淌撷鲜花。

7

ངན་པས་ཕྱོགས་མཐའ་བསྐོར་ན་ཡང་།།
སྐྱོན་གྱི་རིགས་རྣམས་སྡུད་པར་བྱེད།།
ངམ་གྲོག་ས་རལ་ཅན་གྱི་ཆུས།།
འདམ་གྱི་སྙིགས་མ་འདྲེན་དང་མཚུངས།།

恶者即便走四方，

亦将丑恶去聚集。

乱石丛中之溪水，

泥沙俱下成浊流。

8

ཡོན་ཏན་དང་པོར་སློབ་དཀའ་ལ།།
ཤེས་བཞིན་མེད་ན་ཉམས་པ་སླ།།
ཆུ་ཐིགས་བསགས་པས་འགེངས་དཀའ་ཡང་།།
བོ་ན་ཅིག་ཅར་ཉིད་དུ་འཛད།།

求学之初难入门，

荒废却在转瞬间。

滴水聚集难储存，

覆水却是转瞬间。

9

དཀའ་སྤྱད་ཁུར་དུ་འཁྱེར་ནུས་ན། །
བྱ་བ་གང་ཡང་དཀའ་བ་མེད། །
ཆུ་ཡི་ནང་དུ་ཞུགས་པ་དེར། །
ཆར་གྱིས་ལྷག་པར་གནོད་མི་འགྱུར། །

若能背负艰辛苦，
无论何事皆不难。
如若潜入水底中，
天上雨水奈若何？

10

རྒྱུན་ཆགས་བརྩོན་པ་མ་བཏང་བར། །
བགས་ཀྱིས་བསྒྲུབ་ན་ཅི་ཡང་འགྲུབ། །
ཆུ་བོ་དལ་གྱིས་འབབ་པ་ཡིས། །
ཡངས་པའི་ས་ཆེན་བསྐོར་ནས་འགྲོ། །

凡事持之以恒者，
循序渐进便能成。
潺潺溪流不间断，
流遍广阔之大地。

11

བྱ་བ་ཆེན་པོ་ཡུན་གྱིས་སྒྲུབ།།
ངང་ཐུང་འབད་པས་མཐར་མི་ཕྱིན།།
ཀླུང་ཆེན་དལ་ཡང་རིང་འགྲོ་ལ།།
ཐ་རླབས་དྲག་ཀྱང་ཆེར་མི་འགྲོ།།

遇事皆须重坚持，
急于求成无结果。
大江缓流行万里，
波涛湍急只一时。

12

བྱ་བ་ཉམས་ཀྱིས་མི་ལྕོགས་ན།།
གཞན་གྱིས་ཟད་ཀྱང་བྱར་མི་རུང་།།
རྐྱལ་མི་ཤེས་ན་གཞན་དག་གིས།།
བསྐུལ་ཡང་ཆུ་ནང་ཅི་ཕྱིར་མཆོང་།།

如若不能成大事，
即便敦促亦勿行。
若无游泳之技艺，
勿受怂恿入水中？

13

ཆུ་བོ་ཐུན་མོང་མཆོད་ཡོན་ཏེ། །
ཉི་ཟླ་ཐུན་མོང་སྒྲོན་མེ་གསལ། །
དམ་པ་ཐུན་མོང་གཙུག་རྒྱན་དང་། །
དམ་ཆོས་ཐུན་མོང་བདུད་རྩི་ཡིན། །

河流皆可成圣水，
日月便是长明灯。
君子皆是众顶饰，
善法皆可成甘露。

14

དར་ཆེན་གྲུ་གཟིངས་རྒྱ་མཚོའི་རྒྱན།།
སྤྲིན་བྲལ་ཟླ་བ་ནམ་མཁའི་རྒྱན།།
མཁས་པའི་སྐྱེ་བོ་བསྟན་པའི་རྒྱན།།
རུ་འདྲེན་དཔའ་བོ་དཔུང་གི་རྒྱན།།

航船扬帆海之美，
月行碧空天之美。
博学君子法之美，
领兵勇士军之美。

15

ཡ་རབས་མཛངས་སྤྱོད་དཔོན་དང་འབངས། །
ཕན་ཚུན་ལེགས་ཚོགས་གོང་དུ་སྤེལ། །
རྒྱ་མཚོ་ཆེ་དང་ཆུ་བོ་རྣམས། །
རེས་མོས་ཚུལ་གྱིས་གྲོགས་སུ་འགྱུར། །

官民品行皆高尚，

彼此促进成欢喜。

大海以及众溪流，

相互助力成挚友。

16

རྗེ་བོ་ངན་དང་གཡོག་ངན་པ།།
གཉིས་ཀས་གཉི་ག་རྒུད་བྱེད་དེ།།
རྫ་གསར་ནང་དུ་ཆུ་བླུགས་ན།།
གཉིས་ཀ་ཆུད་ཟོས་བརླག་པར་འགྱུར།།

恶主若遇恶仆人，
彼此双方遭厄运。
新瓦罐中装入水，
瓦罐与水皆遭毁。

17

ཞེས་སྙོམ་དབང་ཅན་མང་བ་ཡི།།
ཡུལ་ཁམས་འདུན་གྲོས་འཇིག་འགྱུར་ཏེ།།
གཡས་གཡོན་ཀུན་ནས་ཆུ་འབུར་བའི།།
ས་ལ་མཁར་ཁྲིམ་བརྟན་མི་སྲིད།།

妄自尊大之权贵，
乃是一方遭劫因。
左右四处冒水泡，
地上城堡难牢固。

18

རྗེ་འབངས་མཐུན་ན་དགྲ་སྡེ་ཡིས།།
ཐུབ་དཀའ་སོ་སོར་གྱེས་ན་མིན།།
རྟ་ཡིས་བརྒལ་དཀའི་ཆུ་བོ་ཡང་།།
མང་དུ་གྱེས་ན་ལུག་ཀྱང་བགྲོད།།

官民一致胜顽敌，
各自为政则相反。
骏马难渡之大江，
各自分流羊亦渡。

19

ཆོས་ལྡན་རྒྱལ་པོས་ཁྲལ་བསྡུས་ཀྱང་།།
དེ་ཉིད་ཀྱིས་ནི་འབངས་རྣམས་སྐྱོང་།།
སྤྲིན་ཆེན་རྒྱ་མཚོའི་ཆུ་བླངས་ཏེ།།
དལ་གྱིས་འབེབས་པས་འཛིན་མ་སྐྱོང་།།

具善国君征赋税，
以此滋养众平民。
密云聚集湖中水，
悠然降落润大地。

20

རྒྱལ་ངན་འབངས་ཀྱི་ཟས་ནོར་ཀུན།།
ཕྲོགས་ཀྱང་ད་དུང་ལྟོགས་ཞིང་བཀྲེན།།
རྒོད་མ་ཁ་ཡིས་རྒྱ་མཚོའི་ཆུ།།
འཐུང་གིན་རྟག་ཏུ་འབར་དང་མཚུངས།།

暴君抢掠民食财，
依旧饥饿难忍耐。
马面火山吞海水，
火势反而更凶猛。

21

གཙོ་བོ་ངན་པ་རྟག་བཀུར་ཡང་། །
གསུག་དང་བྲལ་བ་ཙམ་གྱིས་སྡང་། །
ཆུ་བོ་ཉིན་ཞག་མང་བསྐོལ་ཀྱང་། །
མེ་དང་བྲལ་བའི་མོད་ལ་གྲང་། །

暴君时时被侍奉，
不予贿赂便暴怒。
昼夜沸腾之滚水，
一旦熄火就变凉。

22

ཁེངས་དྲེགས་གདུག་རྩུབ་ཆེ་བ་ཡི། །
དཔོན་ལ་སུ་ཡང་བརྟེན་མི་སྤྲོ། །
ཤིན་ཏུ་འཁྲུགས་པའི་ཆ་ཀློང་དུ། །
ཉ་ལ་སོགས་ཀྱང་སྡོད་མི་བྱེད། །

傲慢恶毒之暴君，
谁也不愿去依靠。
惊涛骇浪旋涡中，
即便游鱼亦难安。

23

བརྩེ་ཞིང་ཕན་གདགས་ནུས་པ་དེར། །
སྐྱེ་བོ་ཐམས་ཅད་ངང་གིས་འདུ། །
ཡིད་བཞིན་གྱི་ནི་རྒྱ་མཚོའི་ངོགས། །
འགྲོ་བ་ཀུན་གྱིས་སྟེན་པར་བྱེད། །

慈爱有益君子侧，

众人自然聚周身。

怡然如意海岸上，

有情众生皆汇集。

24

ཆེ་མཐོ་བསྟེན་པས་དཔལ་ཐོབ་ཀྱང་།།
དེ་ལས་ལྷག་པའི་འཇིགས་པ་འབྱུང་།།
རྒྱ་མཚོ་རིན་ཆེན་འབྱུང་གནས་དེ།།
གདུག་ཅན་ན་ཀྲའི་གྲོང་ཡང་ཡིན།།

攀附权贵虽得益，
随之恐惧会更甚。
蕴藏珠宝之大海，
亦是鲸鱼之家园。

25

རྒྱུས་མེད་མི་ལ་གསར་འགྲོགས་ཀྱིས།།
ཡིད་བརྟན་བྱེད་པ་ཉམས་པའི་རྒྱུ།།
རྒྱལ་སྲས་ངང་པའི་སྐྱེ་དཔོན་ཡང་།།
མཚོ་གསར་བསྙེན་པས་རྙི་ཡིས་ཟིན།།

初次相识陌路人，
一心相许定遭殃。
王子虽是牧鹅王，
初到新湖陷罗网。

26

རྩ་བ་སྲབ་པའི་མཛའ་གཙུགས་དེ།།
རིང་མིན་དབྱེན་གྱིས་སོ་སོར་གཏོང་།།
ཆུ་དང་འོ་མ་རོ་གཅིག་ཏུ།།
འདྲེས་པ་ངང་པའི་མཆུ་ཡིས་འབྱེད།།

无根无底之友情，

一经挑拨便离散。

水乳交融成一体，

天鹅嘴喙分两边。

27

མཁས་པས་བདེན་བརྫུན་བརྟགས་ནས་ཕྱེད། །
བླུན་པོ་གྲགས་པའི་རྗེས་སུ་རྒྱུག །
ཆུ་ནང་ཅལ་གྱི་སྒྲ་བསྒྲགས་པས། །
གཅན་གཟན་རི་དྭགས་ཕལ་ཆེར་བྲོས། །

智者以理辨真假，
愚人盲目从名家。
水中发出咕咚声，
吓得兽类相继逃。

28

འགྲོགས་ན་ལེགས་སྤྱོད་འཕེལ་འགྲིབ་ལས། །
དགེ་དང་སྡིག་པའི་གྲོགས་འགྱུར་ཏེ། །
དྭངས་བསིལ་འདྲ་ཡང་ཕན་གནོད་ལས། །
སྨན་གྱི་ཆུ་དང་དུག་ཆུར་འཛོག །

交往之时辨善恶，
便知朋友好或劣。
银针投入水中央，
便知是药还是毒。

29

ཕྱིག་གྲོགས་གཡེམ་མའི་འཛུམ་དཀར་ལས།།
ཤ་ཚའི་གདུག་རྩུབ་ཁྲོ་གཉེར་བཟང་།།
ཐན་ཁྱེར་སྤྲིན་གྱི་མདོག་དཀར་ཡང་།།
ཆུ་ལྡན་སྤྲིན་ནག་ཞིང་པའི་གསོས།།

淫乱娼妓之笑脸，
不及粗暴耿直言。
旱天云彩虽洁白，
浓密乌云利于田。

30

བློ་ལྡན་རང་བཞིན་བཟང་པོ་དེ།།
མཆོག་དམན་བར་མ་ཀུན་གྱིས་བསྟེན།།
འཇུག་ངོགས་བདེ་བའི་རྫིང་བུ་ལ།།
སྐྱེ་བོ་ཐམས་ཅད་དགའ་བཞིན་འཇུག།

心地善良之君子，
贤愚众生皆喜欢。
岸畔安稳之水塘，
男女皆乐游其间。

31

ཁེངས་དྲེགས་སྤྱོད་པ་སྙིང་པོ་ལ།།
དོན་མེད་རྣམས་ཀུང་དགྲ་ཏུ་ལྡང་།།
རྒྱག་ཅིང་འཕྱུར་བའི་གངྒཱ་མ།།
ཛ་ཧུ་ཁྲོས་པས་ཧུབ་ཀྱིས་བཏུངས།།

无端妄自尊大者，
众人横眉以对之。
傲慢张狂恒河水，
匝胡一口便吞没。

32

ཉམ་ཆུང་སྙིང་དུ་དཔའ་ཐལ་ན།།
ཉམ་ངའི་གཡང་དུ་ལྷུང་འགྱུར་ཏེ།།
ཆུ་ལ་རྒྱལ་གྱིས་དྲེགས་པའི་ཉ།།
སྐམ་ལ་ཡར་ན་འཆི་བར་འགྱུར།།

欺辱弱者为荣耀，
终会堕入深谷中。
水中狂妄之游鱼，
到了陆地便会死。

33

རིགས་ངན་ཅུང་ཟད་འབྱོར་ན་ཡང་། །
རྒྱལ་པོ་ལྟ་བུའི་ཁེངས་དྲེགས་འཛིན། །
གཙང་རོང་དོག་མོའི་ཆུ་ཕྲན་དེ། །
ཤུར་སྒྲ་རྒྱ་མཚོའི་ཟ་ཁྲོང་འདྲ། །

恶者稍得几分财，
一时狂妄似国君。
峡谷之中小溪流，
涛声几近比大海。

34

ཡངས་པའི་རྒྱལ་ཁམས་མ་མཐོང་བ།།
ས་མཐའི་བློན་པོ་རང་མཐོང་ཆེ།།
ཁྲོན་པའི་ཆུ་ལ་འགྱིང་བ་ཡི།།
རུས་སྦལ་རྒྱ་མཚོའི་གཏམ་གྱིས་ཤི།

未见广阔之国度，
边地将相自诩大。
堕入井水之老龟，
死于吞海之妄念。

35

ཐ་ཤལ་རྣམས་ནི་མགུ་སླ་ཞིང་། །
མགུ་བའི་མོད་ལ་ཁྲེལ་ཡང་སླ། །
ཕུ་ཐག་ཐུང་བའི་ཆུ་ཕྲན་དེ། །
ཁྲུབས་དང་ཁྲི་བ་ཡུད་ཙམ་ཡིན། །

贱者极易得满足，
满足之时便得意。
流程不远小溪水，
极易聚积亦易枯。

36

མ་རབས་གཅེས་པར་བསྐྱངས་ན་ཡང་།།
དྲིན་དུ་མི་ཚོར་འཁྲུག་པར་བྱེད།།
བསིལ་བའི་ཆུ་ཡིས་བྲན་ན་ཡང་།།
རྡོ་ཞུན་ལྷག་པར་ཁོལ་ཞིང་ཚ།།

贱者被施以恩情，
不知报答反添乱。
石灰之上浇凉水，
反而变得灼又烫。

37

དམ་པ་རྣམས་ལ་གནོད་བྱས་ཀྱང་། །
ཁྲོ་མེད་བཟོད་པས་བདེ་བར་གནས། །
བཙོ་ཡི་སྦྲགས་ཀྱིས་བཏབ་པའི་ཆུ། །
ཁོལ་བཞིན་པ་ཡིས་བྲན་ཀྱང་བསིལ། །

君子即便受欺辱，
亦会容忍心坦然。
施以恶咒之冷水，
虽在沸腾却清凉。

38

ཁྲེལ་མེད་རྣམས་ལ་ཕན་བཏགས་ཀྱང་།།
བྱ་བ་ཟིན་ན་བརྗེད་པར་འགྱུར།།
ཆུ་བོའི་ཕ་རོལ་བརྒལ་བ་ན།།
གྲུ་གཟིངས་ལྟོས་པ་མེད་པར་འདོར།།

恶者被施以恩念，
成事之后便遗忘。
到了大河之彼岸，
却将船舶弃一边。

39

མི་ངན་རེ་རེའི་བྱེད་པས་ཀྱང་། །
ཡུལ་ཁམས་ཆེན་པོ་ཕུང་བར་བྱེད། །
དྲང་སྲོང་གདུག་པ་མཆོངས་པ་ཡིས། །
སི་ཧ་ཚལ་བརྒྱར་གྱེས་ཞེས་གྲགས། །

即便一人行坏事，
整个地区亦遭殃。
恶毒仙人之一跳，
便使悉多成百段。

40

དམུ་རྒོད་སྐྱེ་བོས་སུན་ཕྱུངས་རྣམས།།
དམ་པ་ལ་ཡང་ཡིད་མི་ཆེས།།
ཆུ་ཟླས་བསླུས་བྱས་ངང་པ་ཡིས།།
ཉིན་མོའང་པད་རྩ་ཟ་མི་བྱེད།།

一日遭受野人扰，
见了圣者亦疑惑。
一朝遭遇月影诱，
自此不再食莲藕。

41

སྐྱེ་བོ་ངན་པ་བཅོས་ན་ཡང་།།
རྐྱེན་དང་ཕྲད་ཚེ་རང་མཚང་སྟོན།།
ཆུ་ཀླུང་འོལ་ཁ་བསྒྱུར་བ་དེ།།
བྲུབས་ཚེ་སྔར་གྱི་ལམ་དུ་འགྲོ།།

愚者一朝改恶习，
再遇之时露原形。
溪流一时改河道，
涨潮即刻回老路。

42

དམ་པ་མཐོ་དམན་འབྱོར་རྒུད་སོགས།།
ཅིས་ཀྱང་རང་བཞིན་མི་འགྱུར་ཏེ།།
ཆུ་བོ་བསིལ་ལམ་ཚ་ན་ཡང་།།
རླན་གྱི་རང་བཞིན་ག་ལ་འདོར།།

不论贵贱或盛衰，
君子本性不动摇。
河水时热时亦凉，
温润本性永不改。

43

མི་བསྲུན་སྐྱེ་བོ་གདམས་པ་ལས། །
ནན་ཏུར་ལས་ཀྱིས་གདུལ་བར་སླ། །
གོས་ཀྱི་དྲི་མ་འཁྲུད་པ་ལ། །
གཙང་མའི་ཆུ་ལས་འགྱུར་བྱེད་བཟང་། །

与其说教邪恶者，
不如以暴来降服。
与其用水洗衣物，
不如肥皂除污垢。

44

ལུས་ཅན་ནང་གི་སྐྱོན་ཡོན་རྣམས།།
ཕྱི་རོལ་སྤྱོད་པས་མཚོན་ནུས་ཏེ།།
ཆུ་སྐྱར་ལྡིང་བས་ཆུ་བོ་དང་།།
དུ་བ་ལས་ནི་མེར་ཤེས་བཞིན།།

众生身上优缺点，
外在行为便可见。
水鸟盘旋因有水，
烟雾缭绕缘有火。

45

གཞན་གྱི་སྐྱོན་ཡོན་མཐོང་སླ་ཡང་། །
རང་གི་སྤྱོད་ཚུལ་མཐོང་བར་དཀའ། །
མཚོ་ནང་ནམ་མཁའི་ཟླ་སྐར་ཀུན། །
གསལ་ཡང་རང་གི་གཏིང་མི་མཐོང་། །

他人长短一眼见，
自身行为难窥见。
天上星月海中显，
自身深浅却难探。

46

བསམ་ངན་གཡོ་སྒྱུའི་བྱ་བ་ནི།།
ལམ་རྒྱུག་འདྲ་ཡང་ཞུགས་སུ་འཞུང་།།
ཚུ་ཀླུང་གྱ་གྱུར་བགྲོད་པ་ཡང་།།
བབ་ཀྱིས་ཐུར་ནས་ཐུར་དུ་འགྲོ།།

招摇撞骗之行径，
一时得逞终露馅。
蜿蜒流淌之河流，
总是从低到更低。

47

རིགས་རྒྱུད་ཟད་འདོད་བུ་ངན་སྐྱེ། །
བསོད་ནམས་ཟད་འདོད་བསམ་ངན་འཆར། །
རང་ཉིད་བརླག་འདོད་རིག་པ་རྐོད། །
ཆུ་མིག་སྐམ་འདོད་སྙིགས་མ་མང་། །

欲断家脉育恶子，
欲尽福运持恶念，
欲毁自身玩聪明，
欲枯泉水多沉渣。

48

ཀླུན་པོས་ངལ་བརྒྱུས་བསྒྲུབས་ན་ཡང་།།
གྲགས་པ་བློ་ལྡན་གཞན་གྱིས་འཕྱེར།།
རི་ལས་སྐྱེས་པའི་པདྨ་ཡང་།།
བསྐྱེད་པའི་གྲགས་པ་ཆུ་ཡིས་འཐོབ།།

愚者费力所成事，
亦须智者来扶助。
雪莲盛开在山野，
全靠雨水来浇灌。

49

ལུང་རྟོགས་ཡོན་ཏན་མི་ལྡན་ཡང་། །
དམ་པར་སྒྲོག་པས་སྐྱེ་བོ་བསླུ། །
སྤྲང་ཆར་བཅུད་དང་བྲལ་བ་ཡི། །
ཐན་ཁྱེར་སྤྲིན་གྱི་འབྲུག་སྒྲ་བཞིན། །

不具教证之慧识,
自诩智者系行骗。
好似无雨旱云中,
响起震耳雷鸣声。

50

སྙིགས་དུས་རང་བྱུང་ཀུན་མཁྱེན་རྣམས། །
སྦྱངས་ཆེ་ཕལ་པ་ལས་ཀྱང་རྟུལ། །
རང་བྱུང་ཆུ་ཚན་སྔར་ཚ་ཡང་། །
བསྐོལ་ན་ཆུ་གྲང་རྗེས་སུ་ཁོལ། །

末劫天生之智者，
修习勤于平庸者。
温泉之水本就热，
煮沸却比冷水慢。

51

ཧྲིད་པོ་ཁ་ཡིས་ཆོས་བཤད་མཁན།།
ཤེས་རྒྱུད་གདོལ་པ་ལས་ཀྱང་ཐུ།།
དགུན་དུས་རྫངས་པ་ན་བུན་བཞིན།།
འཐིབས་པའི་ཀློང་དེ་ལྷག་པར་གྲང་།།

奸猾之人讲善法，
行径之恶比屠夫。
好比冬日之水潭，
雾气缭绕却更冷。

52

དམ་པའི་སྐྱེ་བོ་ཉམ་ཐག་ཀྱང་།།
ཆོས་དང་འགལ་བའི་ལས་མི་བྱེད།།
ཆར་འདོད་བྱིའུ་སྐོམ་ན་ཡང་།།
ས་ལ་འབབ་པའི་ཆུ་མི་འཐུང་།།

君子即便临死期，
其行绝不违善法。
旱季雨雀再干渴，
亦不饮用地上水。

53

དགེ་སྦྱོར་བརྩོན་པར་འདོད་པ་དང་། །
ལོག་པའི་འཚོ་བ་སྒྲུབ་པ་འགལ། །
མེ་ཏོག་སྐྱེད་པར་འདོད་པ་ཡིས། །
ཆུ་ཚན་བླུགས་ན་ཕན་འགྱུར་རམ། །

心中欲行善事者，
勿要背道而行之。
为使原上花盛开，
浇灌热水可行否？

54

ཆེན་པོ་རེ་ཞིག་རྒུད་ན་ཡང་།།
སླད་ནས་གཟི་བྱིན་རྒྱས་པར་འགྱུར།།
འཁྱག་པའི་སྤུབས་སུ་ཚུད་པའི་མཚོ།།
སོ་ག་རིམ་གྱིས་འཕྱུར་ནས་འོང་།།

君子一时遇不顺，
不久依然放光彩。
冬日冰封之湖面，
初春之时犹澎湃。

55

བློ་དང་རྩོལ་བ་ཞན་པའི་མིས།།
ཕུན་ཚོགས་ཐོབ་ཀྱང་མོད་ལ་འགྲིབ།།
རྫིང་ཆུང་ལྟག་ཆུ་ཆད་པ་དེ།།
གང་ཡང་མྱུར་དུ་སྐམ་པར་འགྱུར།།

天资愚拙不勤奋，
即便获益亦枯竭。
若是水塘断水源，
即刻变为一旱池。

56

ནོར་མེད་འཕྱོར་དང་ཁ་ཞིམ་འདོད།།
གཞུང་ལུགས་མ་སྦྱངས་མཁས་ཁུར་འཛིན།།
ཆུ་རྐྱལ་མི་ཤེས་མཚོ་བརྒལ་བ།།
བསམ་བཞིན་རང་སྡུག་ཉོས་པ་ཡིན།།

无钱欲得好衣食，
不学却想成智者。
欲游大海无游技，
皆是自找苦吃者。

57

མངའ་ཐང་བློ་རྒྱ་སྐྱེད་ཆེས་པས། །
བསོད་ནམས་ཚད་ལས་འགོང་མི་རུང་། །
མཚོ་ཆུང་རང་གི་ཁྲོན་པ་ཡི། །
ཚད་ལས་རྒྱས་ན་བོ་བར་འགྱུར། །

欲望野心再扩张，
亦勿大于己福运。
小湖如若超水位，
便是决堤水四溢。

58

དོན་ཆེན་ཐོག་ཏུ་མ་བབས་པའི། །
དུས་ནས་ཐབས་དང་རིམ་གྲོ་བྱ། །
ཆུ་ལོན་སྔར་ནས་མ་བཅིགས་ན། །
ཟླུབས་ནས་འོལ་ཁ་བསྒྱུར་བ་དཀའ། །

大任尚未降临前，
便须谋略与供奉。
若未事先修堤坝，
意欲蓄水是枉然。

59

དོན་མེད་ལས་ལ་ཡིད་བཙུགས་ནས།།
རང་ཉིད་ཉམས་བྱེད་དཔའ་བོ་མིན།།
ཆུ་ཡི་ནང་གི་གཟུགས་བརྙན་ལ།།
མཆོངས་པས་སེང་གེ་ཤི་དང་འདྲ།།

用心执着无益事，
糟践自己非好汉。
狮子扑向水中影，
却使自己把命丧。

60

དགྲ་བོ་འདུལ་བར་འདོད་ན་ཡང་།།
སྤྱོད་ཚུལ་དལ་ཞིང་འཇམ་པར་བྱ།།
ཆུ་སྐྱར་འཇབ་ཅིང་འགྲོ་བ་ཡིས།།
ཉ་ལ་སོགས་པ་འཛིན་ལ་ལྟོས།།

意欲降服顽固敌，
亦须智取勿强攻。
水鸟边行边隐蔽，
轻易便把鱼虾捉。

61

གཞན་ཕྱུགས་འགྱུར་པ་ལ་སྡང་བས། །
རང་གི་བསོད་ནམས་ཉམས་པར་ཟད། །
ཆུ་ཀླུང་དྲག་པོར་མཆོངས་པ་ན། །
བདག་ཉིད་འཆི་ཡི་དེར་མི་གནོད། །

眼馋他人之财富，
却使自己福运衰。
跳入汹涌之江河，
江河无损己命丧。

62

དེ་བས་དགྲ་ལས་རྒྱལ་འདོད་ན།།
ཡོན་ཏན་སྒྲུབ་ལ་འབད་པར་བྱ།།
ཆུ་བོ་ཆེ་ལ་བརྒལ་བའི་ཐབས།།
ཐང་ནས་གྲུ་གཟིངས་འཚོས་པ་ཡིན།།

如欲战胜顽固敌，
须使自己具谋略。
渡过大江之办法，
便是岸上造木船。

63

རང་ལས་བསོད་ནམས་མ་ཉམས་ན། །
དགྲ་བོ་ཁོ་ནས་མི་ཐུབ་སྟེ། །
ཆུ་མིག་རང་བཞིན་མ་སྐམ་པར། །
ས་ཡིས་མནན་ཀྱང་འགོག་མི་ནུས། །

只要自己运数在，
单凭敌人难攻取。
如若泉水未枯竭，
欲用土埋是枉然。

64

དབུལ་ཕྱུག་དར་རྒུད་མཐོ་དམན་ཀུན།།
སྔོན་སྤྱད་ལས་ཀྱི་གོ་རིམ་སྟེ།།
ཆུ་ཡི་དཀྱིལ་འཁོར་བསྲུབས་པ་ལས།།
རི་གླིང་ཁོར་ཡུག་རིམ་པར་ཆགས།།

贫富兴衰与贵贱，
皆是前世缘所定。
恰如乳海搅动时，
山川河流皆形成。

65

མཁས་པ་ཕལ་ཆེར་དབུལ་འགྱུར་ལ། །
བླུན་པོའི་སྐྱེ་བོ་ནོར་གྱིས་ཕྱུག །
རྙོག་མ་ཅན་གྱི་ཆུ་བོ་ལ། །
སྦལ་སྦྲོང་འབུ་སྲིན་ལྷག་པར་མང་། །

智者往往都贫穷，
愚者反而皆富有。
污浊不净河流中，
鳖蟹鱼虾特别多。

66

བརྒྱ་ཡི་ནང་ནས་དཔའ་བོ་དང་། །
སྟོང་གི་ནང་ནས་མཁས་པ་སྐྱེ། །
མ་དྲོས་མཚོ་ལས་ཆུ་གསེར་དང་། །
རྒྱ་མཚོ་ཆེ་ལས་ནོར་བུ་འབྱུང་། །

百人才出一勇士，
千人才有一智者。
不热池水产黄金，
大海之中产珠宝。

67

བློ་དང་མི་ལྡན་སྐྱེ་བོ་ཡིས། །
འབྱོར་པ་རྙེད་ཀྱང་སྤྱོད་མི་ཤེས། །
ཁྱི་ནི་སྐོམ་ཡང་ཆུ་ཀླུང་ལ། །
ཧུབ་ཀྱིས་མི་འཐུང་ལྡག་པར་བྱེད། །

缺乏慧识之愚者，
即便有福亦难享。
口渴老狗到江畔，
不会痛饮用舌舔。

68

རང་གཞན་སུ་ལའང་མི་ཕན་པའི། །
ནོར་དེ་མེད་པ་ཉིད་དང་མཚུངས། །
ཆུ་མེད་ས་གཞི་རྒྱ་ཆེ་ཡང་། །
མྱ་ངམ་ཐང་ཞེས་ཀུན་གྱིས་འདོར། །

对己对人皆无用，
如此财宝有似无。
无水大地虽辽阔，
被人呼作荒野滩。

69

ལོངས་སྤྱོད་སྤེལ་བར་འདོད་པས་ཀྱང་། །
ཅུང་ཟད་གཏོང་ཚུལ་ཤེས་དགོས་ཏེ། །
ཁྲོན་ཆུ་བཅུས་ན་འཕེལ་འགྱུར་ཞིང་། །
བཞག་ན་སྐྱིགས་མས་སྐམ་པར་འགྱུར། །

如若意欲生财富，
须得略微行布施。
井水常取常旺盛，
弃之便会遭干涸。

70

བླུན་སྤྱོངས་འབྱོར་པ་རྒྱ་ཆེ་ཡང་།།
སྡུག་བསྔལ་རྒྱུ་ལས་མ་འདས་ཏེ།།
གསེར་རིའི་བར་གྱི་རོལ་མཚོ་རྣམས།།
རྟག་ཏུ་མུན་པའི་སྨག་གིས་ནོན།།

愚者即便有财富，
亦会成为痛苦因。
金山之间香水海，
时时却被浓雾罩。

71

འབྱོར་ལྡན་བསོད་ནམས་གསོག་དགོས་ཏེ། །
བསོད་ནམས་ཉམས་ན་རྒུད་པ་སླ། །
ལྗོན་ཤིང་ཡལ་ག་རྒྱ་ཆེ་ཡང་། །
ཆུ་དང་བྲལ་ན་སྐམ་པར་འགྱུར། །

富人亦须积福运，
失去福运便衰败。
大树即便枝叶盛，
失却水源便干枯。

72

བསོད་ནམས་མཐུ་དང་དགེ་བའི་བློ། །
ཕན་ཚུན་རྒྱུར་གྱུར་སྐལ་བ་བཟང་། །
ཆུ་ཡིས་ཆར་དང་ཆར་གྱིས་ཆུ། །
རྒྱས་བྱེད་རེས་མོས་གྲོགས་སུ་འགྱུར། །

福运功德加善心，
彼此因果成贤劫。
水变雨雨又成水，
相互能增成挚友。

73

ཁ་བཤད་མང་ངམ་ཉུང་ཡང་རུང་།།
དགོས་དོན་ལག་ཏུ་བླངས་ན་གོ།
ཆུ་ཞེང་ཆེ་ཆུང་ཅི་འདྲ་ཡང་།།
ཟབ་དང་མི་ཟབ་བརྒལ་ན་ཤེས།།

无论话多或话少，
付诸行动才是真。
无论河水大与小，
蹚河才知深与浅。

74

ལེགས་བྱས་སྲོལ་འབྱེད་མཁས་པ་སྟེ།།
དེ་ཡི་རྗེས་སུ་འཇུག་པ་སླ།།
ཅང་ཤེས་རྟ་ཡིས་རབ་བཅལ་བའི།།
ཕྱི་བཞིན་ཁྱི་ཡང་འབྲང་བར་བྱེད།།

如若智者开先河，

后继之人便无碍。

眼见骏马渡过河，

尾随之狗亦安然。

75

མཁས་པ་ཀུན་ལ་སྙོམས་ལྡན་ཞིང་། །
ཕྱོགས་རེའི་མིག་ཅན་ཆགས་སྡང་ཆེ། །
བུམ་པ་གང་བ་བཀུར་བར་སླ། །
ཕྱེད་ཙམ་གང་བ་ཡོ་འཁྱོམ་མང་། །

君子待人无区别，
小人眼光生偏见。
满水葫芦易携带，
半水葫芦总摇晃。

76

བསམ་ཚད་ཁ་རུ་འདོན་པ་དེར།།
གཏད་སོ་མེད་ཅེས་ཀུན་གྱིས་བརྙས།།
ཤག་ཤག་འབབ་པའི་ཆུ་བོ་ལ།།
བྱིས་པ་རྣམས་ཀྱང་རྒལ་བར་བྱེད།།

所想皆从口出者，
众人轻视不可靠。
潺潺流淌之溪流，
孩童亦会轻易渡。

77

ཁ་ཉུང་བཞིན་འཛུམ་གནད་ཕིག་པ། །
དེ་ལ་ཀུན་གྱིས་བག་ཟོན་བྱེད། །
སྒྲ་མེད་མེར་གྱིས་འགྲོ་བ་ཡི། །
ཆུ་ཀླུང་གཏིང་མཐའ་དཔོག་པར་དཀའ། །

寡言笑面心奸诈，

如此之人须警惕。

无声流淌之大河，

往往难知其深浅。

78

ཆུ་ལ་རི་མོ་བྲིས་པ་བཞིན།།
སྡིག་སེམས་མོད་ལ་འདོར་བྱ་ཞིང་།།
དགེ་བའི་དམ་བཅའ་རྡོ་བ་ཡི།།
རི་མོ་བཞིན་དུ་བརྟན་པར་བྱ།།

宛若绘图在水面，
速速抛却恶意念。
恰如刻画于石头，
且将善意记心间。

79

བསམ་པ་བཟང་ན་འཇིག་རྟེན་གྱི།།
བྱ་བ་ཀུན་ཀྱང་ཆོས་སུ་འགྲོ།།
ཟོ་ཆུན་ལ་བརྟེན་འབབས་ཀྱི་ཆུ།།
ཤིན་ཏུ་མཐོ་བའི་རི་རྩེར་འགྲོ།།

如若心中怀善念，
诸事皆能成道法。
涧水依靠背水桶，
从那山洼到山顶。

80

གཙོ་བོར་ལས་འབྲས་དཀོན་མཆོག་ལ།།
བློ་ཐུགས་གཏད་ན་ཅི་བསམ་འགྲུབ།།
ལྷ་ཡི་རྒྱལ་པོས་ཆར་ཕབ་ན།།
ལོ་ཏོག་ཕུན་སུམ་ཚོགས་པར་འགྱུར།།

因缘若依三宝尊，
凡事皆能遂心愿。
上天若能降雨水，
庄禾便会迎丰年。

81

འཇིག་རྟེན་ཚངས་པའི་རལ་གློང་དུ།།
འཁྱམས་པའི་སཀྱ་མཐར་སོན་ཏེ།།
སྒྲིབ་གཉིས་དྲི་མ་འབྲུད་པའི་ཕྱིར།།
དམ་པའི་ཆོས་ཀྱི་ལམ་དུ་འདྲེན།།

闲游梵天之河间，
便到萨嘎之边缘，
为除二障之污浊，
踏上善法之坦途。

82

ཆུ་རིགས་བདུན་ལས་མཆོག་གྱུར་པའི། །
ཆུ་མགོ་གངས་ལ་ཐུག་པ་བཞིན། །
ཆོས་ཀུང་འཁྲུལ་བྲལ་མ་ནོར་བ། །
རྒྱལ་བའི་བཀའ་ལས་འབྱུང་བ་དགོས། །

七水之中最佳者，
水源皆在雪山上。
无垢纯净之教法，
源自佛尊之真言。

83

དེ་ནས་ཟབ་རྒྱས་ཉམས་ལེན་གྱི། །
ལམ་གསུམ་རིམ་པར་འབབ་པ་ཡི། །
གདམས་ངག་ཚང་ལ་མ་ནོར་བ། །
སྐལ་བཟང་རྣམ་སད་མཚོད་ཡོན་ཡིན། །

依着深广之修持，
恒河依次经三途，
勿入歧途受教诫，
乃是贤者功德水。

84

འོན་ཀྱང་དུས་ཀྱིས་ཆེར་སྙིགས་ཚེ། །
འཇམ་དབྱངས་བླ་མས་གསལ་མཛད་དེ། །
རྒྱ་མཚོར་བྱིངས་པའི་རིག་བྱེད་བཞི། །
ཉ་ཡི་གཟུགས་ཀྱིས་བཏོན་པ་བཞིན། །

然而世道已末劫，
文殊上师所显扬，
恰如沉海四明论，
以鱼之身显踪迹。

85

འདི་འདྲའི་བསྟན་དང་མཇལ་བཞིན་དུ། །
ལྟར་སྣང་ལམ་ལ་སུ་ཞིག་འཇུག །
ལྷ་ཡི་ཆུ་བོ་གངྒཱའི་ཟུར། །
བ་ཚྭའི་ཁྲོན་པ་སུ་ཞིག་བརྐོ། །

如此教法与敬谒，
谁愿前往现似路？
在那神水恒河畔，
谁会挖掘咸水井？

86

བློ་ཆུང་སྐལ་དམན་ཟབ་ཟབ་ཀྱི།།
གྲགས་པས་བསླུས་ནས་ལོག་པར་འགྲོ།།
སྨིག་རྒྱུ་ཆུ་རུ་འཁྲུལ་པ་ཡི།།
རི་དྭགས་དོན་མེད་སྡུག་བསྔལ་སྤྱོང་།།

神秘莫测伪名仕，

诱骗愚者走歧路。

错将蜃气当河流，

野兽无端遭伤痛。

87

ཆོས་ཀྱི་ལམ་དུ་འཇུག་པ་ལ། །
དང་པོར་དགེ་བའི་བཤེས་གཉེན་བསྟེན། །
རྒྱ་མཚོར་བགྲོད་འདོད་གྲུ་བའི་མགོ །
དེད་དཔོན་མཁས་པ་འཚོལ་བ་ཡིན། །

欲行修法之正途，
必先拜于良师门。
若想航行出海去，
必先寻得好舵手。

88

འཇིག་རྟེན་འཇིག་རྟེན་འདས་པ་ཡི།།
དགེ་ལེགས་རྩ་བ་བླ་མ་སྟེ།།
འཛམ་གླིང་རྩི་ཤིང་ལོ་འབྲས་ཀུན།།
མ་དྲོས་མཚོར་གནས་ཀླུ་ཡི་དྲིན།།

若想脱离凡尘世，
善妙之根是拜师。
瞻洲花草果木等，
乃是玛卓龙之恩。

89

ང་རྒྱལ་སྤངས་ཏེ་ཞི་དུལ་གྱིས། །
དམ་ཆོས་སྦྱོང་དུ་ཙུང་བར་བྱ། །
ཆུ་བོ་སྒང་དུ་མི་གནས་པར། །
དམའ་བའི་གཤོང་དུ་འཁྱིལ་བར་འགྱུར། །

抛却傲慢与自大，
谦虚修习学善法。
河水不会在山上，
总会向着低处流。

90

ཆོས་ཀུན་ཅིག་ཅར་མི་ཤེས་ཀྱང་།།
ཅི་ཙམ་ཤེས་བཞིན་དོན་དུ་འགྱུར།།
ཆུ་ཀླུང་རྫོགས་པར་མ་བཏུང་ཡང་།།
ཅི་ཙམ་འཐུངས་པས་སྐོམ་པ་སེལ།།

不求遍知诸佛法，

勤学便能多获益。

不必饮尽河中水，

能止口渴则恰好。

91

ཐོས་མང་ཉམས་སུ་མ་བླངས་ན།།
རང་གི་རྒྱུད་ལ་མི་ཕན་ཏེ།།
ཆུ་ནང་ལོ་བརྒྱར་གནས་པ་ཡི།།
རྡོ་བའི་རང་བཞིན་སྐམ་པོར་གནས།།

闻思若不去奉行，
对于修行无益处。
浸泡水中之巨石，
历经百年亦坚硬。

92

སྐྱོང་རྐྱལ་གོམས་པའི་རིམ་པ་ཡིས།།
རྟག་འཛུ་རེས་འཛུ་མི་འཛུ་ལྟར།།
ཐོས་བསམ་སྒོམ་པ་སྒྲ་སྤྱི་ལ།།
བརྟེན་པའི་ཚུལ་ཡང་གསུམ་དུ་གསུངས།།

熟操泳圈有三步，
全依半依与不依。
闻思观想与修行，
亦是上述三步骤。

93

མི་ཡི་གྲུ་གཟིངས་རྙེད་དུས་འདིར། །
ཐོས་བསམ་སྒོམ་པའི་བ་དན་ལ། །
བརྟེན་ནས་སྲིད་མཚོ་བརྒལ་བྱ་ཡི། །
གྲུ་འདི་ཕྱི་ནས་རྙེད་པར་དཀའ། །

此世修得人之船，
必靠闻思修之帆，
渡过俗世之大海，
此船后世再难寻。

94

རིགས་དྲུག་སྐྱེ་སྒོ་མཐའ་ཡས་ཀྱང་། །
དལ་བརྒྱད་ཚང་བ་ཤིན་ཏུ་དཀོན། །
ཆུ་བོ་གྲངས་མེད་འབབ་ན་ཡང་། །
ཡན་ལག་བརྒྱད་ལྡན་རེ་རེ་ཙམ། །

六道生门虽无边，

齐备八暇却稀有。

世上河流难计数，

具八支者仅几条。

95

སྐྱེས་པའི་སྐད་ཅིག་དེ་ཉིད་ནས། །
མི་སྡོད་འཆི་བདག་ཁར་ཕྱོགས་ཏེ། །
ཆུ་ཀླུང་སྐད་ཅིག་རེ་རེ་བཞིན། །
ཕྱིར་མི་ལྡོག་པར་རྒྱ་མཚོར་འགྲོ། །

人自出生那一瞬，
便向死神直奔去。
大河一刻不停留，
永不回头直向海。

96

མི་རྟག་སྲིན་པོས་བཟུང་བཞིན་དུ།།
སོས་བདེར་སྡོད་པ་ག་ལ་རིགས།།
ཆུ་སྲིན་མཆེ་བའི་ཁྲག་གནས་ལ།།
བདེ་བའི་གོ་སྐབས་ནམ་ཡང་མེད།།

恰被无常罗刹擒，
奈何舒畅而居之。
处于巨鲸獠牙间，
一刻亦无安全时。

97

བསྒྲུབས་ཀྱང་ཕ་མཐར་ཕྱིན་མེད་པའི། །
འཇིག་རྟེན་བྱ་བ་བཙན་ཚོད་བྱ། །
ཆུ་གཉེར་གཅིག་རྗེས་གཅིག་ནོན་དེ། །
ཅི་ཙམ་བདས་ཀྱང་ཟིན་དུས་མེད། །

即便执着于俗事，

但无完结之时日。

江河一浪接一浪，

此追彼赶亦枉然。

98

བློ་རིག་སྟོབས་དང་རྩལ་ཆེ་ཡང་།།
དུས་ཀྱི་ཕོ་ཉས་དབང་མེད་འཆིང་།།
ཆུ་ཆེན་རླབས་ཀྱི་གར་མཁན་མ།།
དགུན་དུས་འཁྱགས་པའི་སྦྲུབས་སུ་ཚུད།།

即便聪慧且有力，

亦遭光阴使者擒。

大河之上浪汹涌，

冬季却被冰雪封。

99

སྒོ་གསུམ་མི་དགེའི་སྤྱོད་ཚུལ་འདིས། །
ཕྱི་མའི་སྐྱེ་བ་ངན་འགྲོར་ངེས། །
རི་བོའི་ཟོམ་ནས་འབབ་པའི་ཆུ། །
གཡང་ས་བརྒྱུད་མར་བརྡབ་ཅིང་འཐོར། །

三门不敬之行为，
后世必堕恶趣道。
山顶流出之溪水，
流经悬崖跌又溅。

100

དེ་ནས་ལོ་གྲངས་བྱེ་བ་བརྒྱར། །
བསྲེགས་ཤིང་འཚོད་ཀྱང་འཆི་མི་ནུས། །
རྫོ་སོལ་རི་ལ་ཆར་གྱི་རྒྱུན། །
བབས་པ་བསྐལ་པའི་བར་དུ་ཁོལ། །

即便历经千万年，
烧烤炖煮皆不死。
大雨常落火山上，
历经千劫亦滚烫。

101

འཇིགས་ཆེན་དེ་ལས་སྐྱོབ་པའི་སྐྱབས།།
བསླུ་མེད་དཀོན་མཆོག་གསུམ་ལས་མེད།།
ཆུ་བོའི་རྒྱུན་གྱིས་ཁྱེར་བ་དེ།།
སྒྲོལ་བྱེད་མཉན་པ་ཁོ་ནར་ངེས།།

救出恐惧之怙主，
只有不欺之三宝。
如若不慎落水中，
只有船夫能搭救。

102

མཆོག་གསུམ་བྱིན་རླབས་མཐའ་ཡས་ཀྱང་།།
དད་པ་མེད་ན་ཇི་ལྟར་སྐྱོབ།།
རྒྱ་མཚོ་ཆེ་ཡང་ཆར་སྟོད་ཀྱི།།
བྱིའུའི་སྐོམ་པ་སེལ་མི་ནུས།།

三宝威德虽无边，
若不敬仰何以护？
大海广阔无边际，
不解雨燕之饥渴。

103

འཁོར་བའི་འདམ་ལས་མ་བརྒལ་བའི། །
འཇིག་རྟེན་པ་ལ་བརྟེན་མི་བྱ། །
ཆུས་ཁྱེར་ཆུ་ཡིས་ཁྱེར་བ་ལ། །
འཇུས་ན་གཉིས་ཀ་བྱིང་བར་འགྱུར། །

未经凡世泥潭者，
不能靠其渡彼岸。
若去求助落水者，
二人双双堕深渊。

104

མཆོག་གསུམ་བསྟེན་ན་དེ་ཡི་ཁྲིམས།།
ལས་འབྲས་བླང་དོར་འབད་པ་གཅེས།།
དེད་དཔོན་བསྟེན་ཀྱང་གྲུ་གཟིངས་སུ།།
མི་སྡོད་དེ་ཉིད་ཇི་ལྟར་སྒྲོལ།།

如若虔心信三宝，
必行因果取舍道。
寻得舵手不上船，
如何渡河到彼岸？

105

སྣོད་བཅུད་བདེ་སྡུག་སྣང་བ་ཀུན།།
འཁྲུལ་མེད་སྔོན་བསགས་ལས་ལས་འབྱུང་།།
ཆུ་ཕོར་གང་ཡང་འགྲོ་བ་བཞིར།།
སྣང་ཚུལ་ཐ་དད་འབྱུང་བར་གསུངས།།

情器苦乐等众趣，
皆是无误前世因。
佛说一碗清水中，
显现所持不同见。

106

དགེ་དང་མི་དགེ་ཆུང་ངུ་ནས།།
བསགས་པས་ཤེས་རྒྱུད་གང་འགྱུར་ཏེ།།
ཆར་གྱི་ཐིགས་པ་བསགས་པས་ཀྱང་།།
མཐའ་ཀླས་ཆུ་ཡི་དཀྱིལ་འཁོར་ཆགས།།

自小积下善恶缘，
慢慢禀性各自现。
雨滴缓缓聚集间，
终成无边之水潭。

107

གནས་སྐབས་དགེ་བ་ལྷུར་སྣང་ཡང་།།
བསྔོ་དང་འདུན་པས་བསླད་པ་མང་།།
མཆོག་ཏུ་མངར་བ་གངྒཱའི་ཆུ།།
རྒྱ་མཚོར་འདྲེས་ན་ཁ་བར་འགྱུར།།

一时起意行善事，
回向乐欲相混淆。
恒河之水虽甘甜，
流至大海变涩咸。

108

རྨོངས་པའི་མུན་ནག་གིས་ལྡོངས་ཤིང་།།
ལས་ཀྱི་ཞགས་པས་བཅིངས་པ་རྣམས།།
སྲིད་པའི་རླུང་གིས་རབ་དྲངས་ཏེ།།
མི་བཟད་སྐྱེ་བའི་རྒྱ་མཚོར་འགྲོ།།

罩于无明黑暗中，
命运绳索所羁绊，
随波逐流欲河间，
沉浮无尽苦海中。

109

འདོད་པ་ལན་ཚྭའི་ཆུ་བོ་ནི།།
ཅི་ཙམ་སྤྱད་ཀྱང་མི་ངོམས་པས།།
ཆུ་མཚོ་འཁྱགས་པའི་ངང་པ་ལྟར།།
སྲིད་ལས་ངེས་འབྱུང་སྐྱོ་ཤས་སྐྱེད།།

欲望好比咸涩水，
痛饮亦难解口渴，
好比水鸭恋冰湖，
追逐俗世厌离心。

110

ལས་ཉོན་ན་ཀུན་ཡོངས་གང་བ།།
སྡུག་བསྔལ་འཁོར་བའི་རྒྱ་མཚོ་ལས།།
སྒྲོལ་བྱེད་བསླབ་གསུམ་གྲུ་བོ་ཆེ།།
བཟུང་ནས་ཐར་པའི་གླིང་དུ་གཤེགས།།

无边世俗苦海中，
满是烦恼鲸鱼群。
且乘三学之航船，
速速前往解脱洲。

111

ཁྱད་པར་ཁས་བླངས་ཚུལ་ཁྲིམས་ནི། །
ཉེས་ལྟུང་དྲི་མས་མ་སྦགས་པ། །
རྒྱ་མཚོ་རོ་དང་མི་འགྲོགས་ལྟར། །
རྟག་ཏུ་དྲན་ཤེས་བརྟན་པོས་སྲུངས། །

承诺能持之教规，
未染堕罪之污浊。
如同大海不恋山，
且须时时守戒律。

112

འོན་ཀྱང་མ་རྒན་སེམས་ཅན་རྣམས།།
དོར་ནས་རང་དོན་བྱར་མི་འོས།།
རྒྱ་མཚོའི་གླིང་དུ་གཉེན་བཤེས་ཀུན།།
འདོར་བ་དེད་དཔོན་སྤྱོད་ཚུལ་མིན།།

抛却老母般众生，
专事私利要不得。
将那亲友弃海岛，
不是舵手能所为。

113

མཚོར་གནས་གཡོ་དང་མི་བདེན་པའི། །
ཁྲིད་པར་གསུམ་ལྡན་ཆུ་ཟླ་ལྟའི། །
འགྲོ་ལ་སྙིང་རྗེ་རྣམ་གསུམ་གྱིས། །
ཐེག་ཆེན་ལམ་གྱི་སྲོག་རྩ་ཚུགས། །

海市蜃楼之虚无，
恰似水上之月影。
以三慈悲护众生，
乃是大乘道根本。

114

བྱང་ཆུབ་སེམས་ཀྱིས་ཟིན་པའི་དགེ།
མི་ཟད་བྱང་ཆེན་རྒྱུར་འགྲོ་སྟེ།།
འཛམ་བུའི་འབྲས་བུ་མ་དྲོས་མཚོར།།
ལྷུང་བས་གསེར་སྤྱངས་ཁམས་སུ་འགྱུར།།

抵达菩提之善心，
成就大菩提之因。
瞻部妙果落瑶池，
即刻变成黄金界。

115

རྒྱལ་སྲས་སྤྱོད་པ་མཐའ་ཀླས་ཀྱང་།།
ཕ་རོལ་ཕྱིན་པ་དྲུག་ཏུ་འདུ།།
རི་སྲུལ་ལ་ལུང་ཆུ་བོ་བརྒྱ།།
ཟམ་འོག་གཅིག་ཏུ་འདྲིལ་བ་བཞིན།།

王子行径虽广大，

抵达彼岸须六品。

如同沟壑百条河，

汇聚同一桥之下。

116

རྒྱལ་སྲས་རྣམས་ནི་བདོག་པ་ཀུན།།
འབྲས་བཅས་གཏོང་སྟེ་སྦྱིན་པའི་མཆོག།
ཆར་གྱིས་རྩི་བཅུད་ལོ་ཏོག་ཀུན།།
བསྐྱངས་ཀྱང་ལན་དང་རེ་བ་མེད།།

王子将己所有物，
无一遗漏皆布施。
雨露浇灌庄禾生，
从未意欲图报恩。

117

རྣམ་དག་ཁྲིམས་ཀྱིས་ཉེས་ལྟུང་གི །
རྙོག་པ་མ་ལུས་དྲུངས་འབྱིན་ཏེ། །
ཀེ་ཏ་ཀ་འབྲས་བྱེ་མ་ཡིས། །
ཆུ་བོ་རྙོག་མ་དྭངས་པར་བྱེད། །

善法将那堕罪之，
所有不净皆清除。
澄水珠宝格达嘎，
能使浑水变清洁。

118

དགེ་ཚོགས་མ་ལུས་སྲེག་བྱེད་པའི།།
ཁོང་ཁྲོའི་དགྲ་འཇོམས་བཟོད་པ་སྟེ།།
ཀུན་ཟ་འབར་བའི་མེ་ལྕེ་ནི།།
གསོད་བྱེད་གཉེན་པོ་ཆུ་ཡིན་ནོ།།

愤怒尽毁善资粮，
平息之法是忍耐。
熊熊大火吞一切，
降服之策是泼水。

119

རྟག་གུས་བརྩོན་པ་མ་བཏང་ན། །
མི་འགྲུབ་བྱ་བ་ཅི་ཡང་མེད། །
ཆུ་ཐིགས་རྟག་ཏུ་འབབ་པ་ཡིས། །
བྲག་གི་རི་བོ་འབིགས་ལ་ལྟོས། །

持之以恒去努力，
无有何事不能成。
请看水滴不停息，
将那岩山亦穿透。

120

བྱིང་རྒོད་སྐྱོན་བྲལ་ཏིང་ངེ་འཛིན། །
གསལ་བར་ཡོན་ཏན་ཐམས་ཅད་འཆར། །
བཻཌཱུར་མེ་ལོང་ཕྱིས་འདྲ་བའི། །
དྭངས་མཚོར་གཟུགས་བརྙན་ཅི་ཡང་གསལ། །

远离昏沉修禅定，

诸种智慧便丰盈。

擦净水晶之镜面，

诸种倩影皆照见。

121

དངོས་ཀུན་སྟོང་པར་དམིགས་པ་ཡིས། །
འཁོར་བའི་གདུང་བ་ཀུན་སེལ་ཏེ། །
ཆུ་ཀླུང་མཐའ་དག་ཨ་གསྟུས། །
ཏུབ་ཀྱིས་གཞལ་བས་བདུད་རྩིར་འགྱུར། །

心有万事皆空意，
世间痛苦便尽除。
日基一口吞江河，
回报则是甘露涌。

122

ཀླུ་སྒྲུབ་བློ་མཚོ་རྒྱ་ཆེ་བས།།
དངོས་པོར་སྨྲ་རྣམས་སྤོབས་པ་ཕྲོགས།།
ཇམ་གནག་གཏིང་མཐའ་མི་མངོན་པའི།།
རྒྱ་མཚོས་བྱིས་པ་སྐྲག་པར་བྱེད།།

龙树慧海大无边，
震慑凡人之魂魄。
无边汹涌之大海，
亦使孩童生惊恐。

123

ཟབ་མོའི་དེ་ཉིད་འབྱེད་པ་ལ། །
ཐོག་མར་དགག་བྱ་ངེས་དགོས་ཏེ། །
རྒྱ་མཚོར་ནོར་བུ་ལེན་པ་ལ། །
འཇིགས་པ་གར་ཡོད་ཤེས་པ་གཅེས། །

欲知学养之深奥，

须先晓知破分法。

前往大海取珠宝，

须先知晓危险地。

124

གདགས་གཞི་ཕུང་སོགས་འདུས་པ་ལ།།
ངའོ་སྙམ་དུ་འཁྲུལ་བ་སྟེ།།
ཀླུང་ཆེན་གདོང་ནས་བྲུབས་འདྲ་ཡང་།།
ཆུ་ཕྲན་དུ་མ་འདུས་པ་ཡིན།།

待有五蕴等汇合，

便持自大是错误。

大河奔流似本相，

实乃溪流聚积成。

125

བཏགས་དོན་རིགས་པས་དཔྱད་པ་ན། །
ངོ་བོས་གྲུབ་པ་འགའ་མེད་དེ། །
ཆུ་ཀླུང་ཡུར་བ་བརྒྱར་དྲངས་པའི། །
ཤུལ་ན་ཐིལ་བ་ཙམ་ཡང་མེད། །

如若细究假有法，
究竟真实便无几。
如将大河引百渠，
原地不见一泡影。

126

སྟོན་པས་ཇི་སྙེད་བཀའ་སྩལ་པ།།
སྟོང་དང་རྟེན་འབྱུང་འདིར་འཇུག་སྟེ།།
ས་སྟེང་ཆུ་བོ་མ་ལུས་པ།།
རྒྱ་མཚོ་ཆེན་པོར་གཞོལ་ཞིང་འབབ།།

佛陀所授之善律，
终究归于空与缘。
大地所有之江河，
终须奔流至大海。

127

རང་རྒྱུད་སྨིན་པའི་རྒྱལ་སྲས་ཀྱིས།།
བསྡུ་བ་རྣམ་བཞིས་གདུལ་བྱ་སྐྱོང་།།
རྒྱ་མཚོར་འཇུག་མྱོང་དེད་དཔོན་གྱིས།།
གཞན་ཡང་ཁྲིད་ནས་ནོར་ལ་སྦྱོར།།

自性纯熟之王子，
以四摄法化众生。
熟知大海之水手，
引领他人取珠宝。

128

རྒྱུ་ཡི་ཐེག་པའི་ལམ་རིང་ཡང་། །
གསང་སྔགས་ཐབས་ཀྱིས་མྱུར་དུ་བགྲོད། །
ཐང་དུ་འདྲེན་དཀའི་གྲུ་བོ་ཆེ། །
རྒྱ་མཚོར་ཞུགས་ན་ཡུད་ཀྱིས་འགྲོ། །

修习显乘道艰难，
借助密咒可加速。
陆地之上难行船，
进入大海便安然。

129

རྡོ་རྗེ་ཅན་གྱིས་ཞེགས་གསུངས་པའི། །
གསང་སྔགས་ནུས་པ་བསམ་མི་ཁྱབ། །
གདུང་བ་མ་ཞེས་བོས་པས་ཀྱང་། །
ལྷ་ཡི་ཆུ་བོ་འགུགས་པར་བྱེད། །

金刚菩萨所传授，
密法威力难想象。
众生只喊痛难忍，
引得神水来洗涤。

130

ཟུང་འཇུག་གདེངས་ཅན་བདག་པོའི་གནས།།
རྡོ་རྗེ་ཐེག་པ་རྒྱ་མཚོ་ཆེའི།།
འཇུག་ངོགས་བདེ་བའི་འབབ་སྟེགས་ནི།།
དབང་བཞིའི་རིན་ཆེན་ཐེམ་སྐས་ཡིན།།

双运龙王之居所，
金刚乘之大海间，
平稳抵达之坦途，
四灌顶之宝梯也。

131

འོན་ཀྱང་དངོས་གྲུབ་རྣམ་གཉིས་ཀྱི།།
གཞི་རྟེན་དམ་ཚིག་སྡོམ་པ་སྟེ།།
ཟ་བ་ཆུ་མཚོ་སྐམ་གྱུར་ན།།
རླབས་ཀྱི་འཕྲེང་བ་གང་ལས་འབྱུང་།།

二种成就之基础，
便是盟誓立戒言。
如若大海已干涸，
浪涛翻滚何以有？

132

དེ་ཉིད་རིག་པའི་རྣལ་འབྱོར་པ།།
འདོད་ལ་སྤྱོད་ཀྱང་ཞེན་པ་མེད།།
ཉ་ནི་ཆུ་གཏིང་ཟབ་མོ་ན།།
འགྱུ་ཡང་ཆུ་ཡིས་འཚུབ་མི་འགྱུར།།

精通自性瑜伽师，

面对世俗无贪欲。

大海深处之鱼虾，

浪涛翻滚亦坦然。

133

ཆགས་སོགས་ཉོན་མོངས་ཉེས་པ་རྣམས། །
ཉོན་མོངས་ལམ་བྱེད་ཉིད་ཀྱིས་འཇོམས། །
རྣ་བར་ཆུ་སོན་ཆུས་འབྱིན་ཞིང་། །
མེས་ཚིགས་མེ་ཡིས་གདུངས་པས་ཞི། །

欲望等等烦恼障，
灭在烦恼路途上。
耳中入水用水引，
火疗亦可治火伤。

134

བསྐྱེད་རིམ་ཕྲ་རགས་རྣལ་འབྱོར་གྱིས།།
སྐྱེ་ཤི་བར་དོ་གསུམ་སྦྱོང་སྟེ།།
སྐལ་ལྡན་ཞིང་རྟའི་མཆོད་ཡོན་གྱིས།།
དུག་ཅན་དྲི་མ་འཁྲུད་པ་བཞིན།།

粗细生次之瑜伽，

生死中阴皆修习。

具德福田之施主，

功德之水洗污毒。

135

དགའ་བཞིའི་ལྷན་སྐྱེས་བདེ་བ་ཆེས།།
སྟོང་བཞིའི་ཡེ་ཤེས་རྒྱས་འགྱུར་ཏེ།།
ཆུ་བོ་རྣམ་བཞིའི་རྒྱུན་འབབ་པས།།
རྟ་གདོང་མེ་ཆེན་འབར་བར་འགྱུར།།

四喜先天具安乐，
四空浸润生智慧。
四大河流流不尽，
马口大火常燃烧。

136

ཕྲ་བ་གཉུག་མའི་རླུང་སེམས་ལས།།
སྒྱུ་མ་ལྟ་བུའི་སྐུར་བཞེངས་པ།།
དྭངས་པའི་ཆུ་ལས་ཆུ་བུར་དང་།།
དག་པའི་མཁའ་ལས་ཆུ་འཛིན་བཞིན།།

自那本性风心中，
塑起如幻之佛相。
好似净水出水泡，
又如碧空升彩云。

137

རྩྭ་རྩེའི་ཟིལ་པ་རེ་རེར་ཡང་། །
ཟླ་བའི་གཟུགས་བརྙན་སྣང་བ་བཞིན། །
དཔེ་ཡི་རིམ་པ་རེ་རེས་ཀྱང་། །
འཁོར་འདས་ཆོས་ཀུན་མཚོན་པར་ནུས། །

每粒草尖露珠中，
皆有一轮月影般。
以木喻物道道言，
亦有有寂解脱法。

138

འཇིག་རྟེན་ཡ་རབས་སྤྱོད་པ་ནས།།
མདོ་སྔགས་ལམ་གྱི་རིམ་པའི་བར།།
དཔེར་བྱ་གཅིག་གིས་མཚོན་པ་འདི།།
ལེགས་བཤད་འཕྲུལ་གྱི་རྒྱ་མཚོ་ཡིན།།

起自世间君子行，
直至修习之次第，
若以举例来阐释，
格言便是神妙海。

139

ཡོངས་སྐྱོད་འཁོར་ཡོའི་ཆུ་གཏེར་ན། །
དབྱངས་ལྡན་ངང་མོ་རྣམ་རོལ་པ། །
དེ་ཡི་ཁ་ལས་ལེགས་བཤད་ཀྱི། །
ཆ་རླབས་འཕྲི་ཤིང་ཅི་ཡང་གཡོ། །

凡尘世间大海中，
妙音天鹅在嬉戏，
美妙格言之波浪，
自此岸上滚滚来。

140

གང་ཡང་བདག་བློའི་ཆུ་གཏེར་ལས་འཁྲུངས་ལེགས་བཤད་གསར་པའི་ཟླ་བ་ནི། །
འཇིག་རྟེན་རྫོངས་པའི་མུན་འཕྲོག་སྙིང་གི་གདུང་སེལ་བསིལ་བའི་རེག་པ་ཅན། །
དེ་ཡི་དགེ་བ་ས་གསུམ་རྣམ་དཀར་འོད་ཀྱི་གོས་བཟང་འཛིན་པ་དེས། །
སྐྱེ་དགུའི་ལེགས་བྱས་བློ་དང་ལྷན་ཅིག་བསྟན་པའི་ཆུ་གཏེར་རྒྱས་གྱུར་ཅིག། ༎

生自我心格言之新月，
扫除凡尘暗影慰众心，
皎洁月辉照耀三界地，
祈愿众生福瑞法海盛！

ཅེས་ལེགས་པར་བཤད་པ་ཆུའི་བསྟན་བཅོས་ལུགས་གཉིས་ཀླུབས་ཕྲེང་བརྒྱ་ལྡན་ཞེས་བྱ་བ་འདི་ནི། སྔར་རང་གི་རྒྱུད་ལ་བག་ཆགས་འཇོག་པའི་ཕྱིར་དུ་རྩོམ་པའི་ཁུལ། དུས་ཚོད་ལ་དཔག་པའི་མདོ་སྔགས་ཀྱི་གཞུང་དུ་བགྲང་ཙུང་ཙམ་ཁ་ཤས་བྲིས་ཡོད་ནའང་། ཤིང་གི་བསྟན་བཅོས་དེ་དར་སོ་ཆེ་ཞིང་། མཐོང་བྱེད་མཁན་མང་དུ་འོང་བར་སྣང་བས་དེ་ལ་འགྲེལ་བ་ཞིག་ཀྱང་བྱུང་ན་ལེགས་ཞེས། པ་རོན་སུ་ཉིད་ཤོག་ནས་བསྐུལ་འོས་ཡོན་ཏན་དུ་མའི་རྒྱན་འཕྲེང་འཛིན་པ་ནོམ་ཆེ་ཞབས་དྲུང་སྐལ་བཟང་དར་རྒྱས་ཀྱིས་ཡང་ཡང་ནན་གྱིས་བསྐུལ་ཏེ་བྲི་བར་བརྩམ་ཡང་། དེའི་ཚོས་ཀྱི་སཀྲ་ལམ་རིམ་ལས་ལོགས་སུ་མི་དགོས་ལ། གཞན་རྣམས་གོ་སླ་བ་འབབ་ཞིག་གཙོར་འདོན་དང་། དཔེའང་ཡོངས་གྲགས་མཁས་ཀླུན་ཐམས་ཅད་ལ་འཆར་བདེ་བ་ཁོ་ནར་སྦྱར་སྟབས་དེ་ལས་གསལ་དུ་གཏོང་རྒྱུ་མེད་པ་ལྟ་བུར་སྣང་ཞིང་། ཕྱོགས་མཐུན་གྱི་ཁུངས་དཔལ་མགོན་ཀླུ་སྒྲུབ་ཀྱི་ཤེས་རབ་བརྒྱ་པ། ཤེས་རབ་སྡོང་བུ། སྐྱེ་བོ་གསོ་ཐིགས་གསུམ་དང་། ཙ་ན་ཀ་རྒྱལ་པོའི་ལུགས་ཀྱི་བསྟན་བཅོས། མ་སུ་རཀྵས་བྱས་པའི་ལུགས་ཀྱི་བསྟན་བཅོས། ཉི་མ་སྦས་པས་མཛད་པ་ཚིགས་སུ་བཅད་པའི་མཛོད། མཆོག་སྲིད་ཀྱི་ཚིགས་བཅད་བརྒྱ་པ།

དྲི་མ་མེད་པའི་དྲིས་ལན་རིན་པོ་ཆེའི་ཕྲེང་བ། ས་སྐྱའི་ལེགས་བཤད་རྣམས་དང་། གཞན་ཡང་འཕྲིན་ཡིག་བསླབ་བྱ་སོགས་དེ་མཐུན་རྣམས་དྲངས་ཏེ་བཤད་ན་ཚིག་ཚོགས་ཆེས་ལྷི་བར་འགྱུར་བས། འདིར་ལྗོན་ཤིང་ཆུའི་ཁམས་ཀྱིས་རྒྱས་པར་བྱེད་པའི་དཔེ་དང་མཐུན་པར། དེ་ཉིད་དུ་མ་ཚང་བ་འགའ་ཞིག་ཁ་བསྐངས་ནས་ཅུང་ཟད་རྒྱས་སུ་བཏང་། དེར་མཆོག་དམན་དང་གཙོ་ཕལ་གྱི་རིམ་པས་ཆོས་ཀྱི་སྣ་སྟོན་དུ་བྱས་ཀྱང་། འདིར་གོང་ནས་གོང་དུ་བགྲོད་པའི་རིམ་པས་མཇུག་ཏུ་བྱས་ཏེ་གོ་རིམ་བསྡེབས་པ་སོགས་དོན་འགྲེལ་གྱི་ཚུལ་དུ་བྱས་ནས། བཙུན་པ་དཀོན་མཆོག་བསྟན་པའི་སྒྲོན་མེས་དབེན་གནས་ཡིད་དགའ་ཆོས་འཛིན་དུ་སྦྱར་བའི་ཡི་གེ་པ་ནི་གཙུག་ལག་ལྷ་བའི་བློ་མིག་ཅན་ཧྲི་ཀླུ་རཏྣ་ཤྲཱ་ནནྡས་བགྱིས་པ་འདིའང་། སྐྱེ་བོ་རྣམས་ལ་དགེ་བའི་འཇུག་ངོགས་གསལ་བའི་རྒྱུར་གྱུར་ཅིག །

《水之格言·二道具百波纹》起初乃为警醒个人而随意所写，历经时日，亦有部分可计入显密论典。但《木之格言》广为传播，阅者甚众。居于巴润斯尼部落的博学多识之夏茸·格桑达杰医师一再敦促我写一部注释，我亦听从其意着手来写。然而，此格言之教法章节并不用与《菩提道次第》等典籍分而存之，其余内容皆易懂，比喻亦是贤愚众人便于理解之典故，便有无须再诠释之必要。与此格言行文一致之来源有龙树所作《百智论》《智慧灯苗》《君子养生论》三部，以及杂那噶所作《王行论》、玛斯然恰所作《行论》、尼玛贝巴所作《诗库》、鹊斯所作《诗百行》、智玛美巴所作《珠宝串》，《萨迦格言》

等以及信件训诫等，如若引经据典便成赘言。此处因以树木得水而盛为例，补充些许，使之更为完善。《木之格言》中，考虑内容之主次，先讲述教法后讲述世俗。《水之格言》中，二者顺序则相反，亦有意释。此乃僧侣贡却丹贝仲美在寂静之处玉噶曲增所作，书写者为广闻博览之士比丘仁钦塔叶。祈愿此能成为众生善妙之彼岸。

以上文本根据青海民族出版社 2006 年版《藏族格言大观·水格言篇》译成。

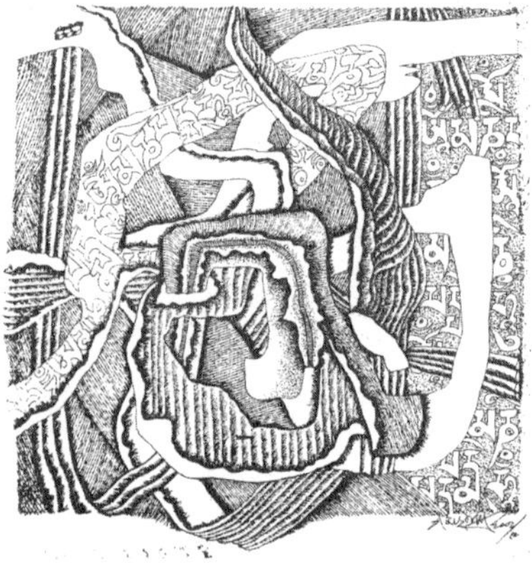

༄། །ལེགས་པར་བཤད་པ་ཤིང་གི་བསྟན་བཅོས་ལུགས་གཉིས་ཡལ་འདབ་བརྒྱ་ལྡན་ཞེས་བྱ་བ་བཞུགས་སོ། །

木之格言·二道具百枝叶

ཨོཾ་བདེ་ལེགས་སུ་གྱུར་ཅིག།

嗡，祈愿吉祥！

1

རིན་ཆེན་སེམས་ཀྱི་རྩ་བ་བརྟན། །
རླབས་ཆེན་ཚོགས་གཉིས་ཡལ་ག་རྒྱས། །
སྐུ་གསུམ་འབྲས་བཟང་སྨིན་མས་དུད། །
སངས་རྒྱས་ལྗོན་པ་དེ་ལ་འདུད། །

至宝之心根系深，
福智资粮枝叶茂，
三身善果垂熟穗，
谨向佛之树敬礼！

2

སྣང་བ་དཔེ་ཏུ་ཤར་བ་ཡི།།
རྩལ་འབྱོར་དེ་ལ་གདམས་ངག་མང་།།
ནགས་ཀླུང་སྟུག་པོའི་དོ་ར་ཏུ།།
ཤིང་ལོའི་ཕུང་པོ་ཟད་པ་མེད།།

才华四溢之智者，

多有教义在心间。

一如密林之深处，

枝叶茂盛无边际。

3

དཔག་བསམ་ཤིང་ལ་བརྟེན་བྱས་ན། །
དགོས་འདོད་ཐམས་ཅད་ཆར་དུ་བསྐྱིལ། །
དེ་བཞིན་བཤེས་གཉེན་དམ་པ་ལ། །
བརྟེན་ན་ལེགས་ཚོགས་ལྷུན་གྱིས་འགྲུབ། །

如若栖息如意树，
所需便能尽称心。
好似拜君为上师，
一切善资便自来。

4

བཤེས་ལ་མི་གུས་སྐྱེ་བོ་དེས།།
གཞུང་བརྒྱ་ཤེས་ཀྱང་དོན་མི་འགྱུར།།
ཤིང་སྐམ་ལོ་བརྒྱ་ཆུར་འཕང་ཡང་།།
ལོ་འདབ་སྐྱེ་བ་སྲིད་ན་མེད།།

不敬上师之俗人，
精通诸论亦无益。
似将枯木泡水中，
亦难发芽又生枝。

5

དད་ལྡན་རང་བཞིན་བཟང་པོ་དེར། །
ཚིགས་བཅད་གཅིག་ཙམ་གྱིས་ཀྱང་ཕན། །
ཀང་འཁྲུང་གསར་པའི་མྱུ་གུ་དེ། །
ཆུ་ཆར་གཟེགས་མ་ཡིས་ཀྱང་འཕེལ། །

心怀善念虔诚者，
一首诗亦能得益。
恰似新生之幼苗，
滴雨亦能茁壮生。

6

ཚེར་མ་ཅན་དང་དུག་ཤིང་གིས།།
མི་དགོས་བཞིན་དུ་ས་འདི་གང་།།
མི་ཁོམ་ངན་སོང་སྐྱེ་བ་ནི།།
ས་ཡི་རྡུལ་བཞིན་བགྲང་ལས་འདས།།

有毒有刺之劣木，
虽无一用遍地生。
无闲恶趣之俗人，
一如尘埃难计数。

7

ཙན་དན་ས་མཆོག་ལྡོན་པ་དེ། །
འཛིག་རྟེན་འདི་ན་སྲིད་པ་ཙམ། །
དལ་འབྱོར་ཚང་བའི་རྟེན་བཟང་ཡང་། །
བརྒྱ་ལམ་ཐོབ་པ་མ་བཀག་ཙམ། །

沃土之上檀香木，
乃是世间稀罕物。
似是暇满之圣者，
百里挑一无几人。

8

དལ་འབྱོར་སྙིང་པོ་མ་བླངས་ན།།
དུད་འགྲོའི་རྟེན་དང་གཉིས་སུ་མེད།།
ཨ་མྲའི་འབྲས་བུ་མི་སྨྱོད་ན།།
ཨེ་རཎྜ་དང་ཁྱད་པར་ཅི།།

若不明了暇满意，
与那禽兽无分别。
若是柿树不结果，
与那芭蕉有何异？

9

མདངས་དང་ལོ་འབྲས་མེ་ཏོག་སོགས། །
ལྗོན་པ་གཅིག་ཀྱང་དུས་ཀྱིས་འགྱུར། །
སྐྱེ་ཀ་ན་དང་འཆི་བ་ཡི། །
ཟློས་གར་སྐད་ཅིག་སྐད་ཅིག་བསྒྱུར། །

开花展叶结硕果，
一树季节各不同。
出生老去与病亡，
人生一世一场戏。

10

རིང་དུ་འབྲེལ་བའི་ཤིང་ལོ་དེ།།
ལན་གཅིག་བྲུལ་བ་སླར་མི་འབྱོར།།
མཛའ་བ་ཡུན་རིང་འཕོད་འཕོད་ནས།།
ནམ་ཞིག་གཏན་དུ་འབྲལ་བར་འགྱུར།།

聚合树冠之树叶，
一旦落地便飘零。
曾经相聚之亲友，
终有一日各自奔。

11

སྡོང་པོ་གཤགས་གཏུབ་དྲས་པ་ཡིས། །
ཤིང་མཁན་མྱུར་དུ་ངལ་བར་འགྱུར། །
བསྐལ་པར་དེ་འདྲའི་ལས་བསྒྲུབས་ཀྱང་། །
དམྱལ་སྲུང་རྣམས་ནི་ངལ་བ་མེད། །

伐树砍木之男子，
瞬即便遭疲累苦。
看守地狱之小鬼，
数劫也不知疲惫。

12

ཇི་སྲིད་མི་དགེ་མ་ཟད་པ།།
དེ་སྲིད་སྡུག་བསྔལ་འཁོར་མོར་སྐྱོང་།།
དུག་གི་ས་བོན་གནས་ཀྱི་བར།།
དུག་ལོ་སྐྱེ་བ་ཆོས་ཉིད་ཡིན།།

但凡作恶多端者，
必将遭遇痛苦劫。
好似有毒之恶种，
必将开出恶之花。

13

གང་ཞིག་གསུམ་ལ་སྐྱབས་སོང་བ། །
དེ་ལ་སྲིད་ཞིའི་རྒུད་པ་མེད། །
ལྗོན་པ་ཆེ་ལ་བརྟེན་པ་དེར། །
གཅན་གཟན་གདུག་པས་གཙེ་མི་ནུས། །

但凡皈依三宝者，
便难遭遇有寂劫。
但凡攀上大树者，
不会遭及猛兽伤。

14

རྩ་བ་རུལ་བའི་ལྗོན་པ་ལ།།
བརྟེན་པར་བྱེད་པ་བླུན་པོའི་རྟགས།།
རང་ཡང་འཁོར་བར་བྱིང་བ་ལ།།
སྐྱབས་སུ་འཛིན་རྣམས་ཀྱི་མ་འབྲུལ།།

依附根系枯死树，
乃是愚者之所为。
自身难脱世俗苦，
何以解救他人难？

15

དུག་དང་སྨན་གྱི་མྱུ་གུ་ལས། །
འབྲས་བུ་འཚོལ་བ་འགར་ཡང་མེད། །
དགེ་དང་མི་དགེའི་ལས་ལས་ཀྱང་། །
འབྲས་བུ་གཞན་འགྱུར་གནས་མ་ཡིན། །

毒苗药苗各不同，

最终结果亦不同。

行善行恶各不同，

最终果报亦不同。

16

ཐོག་མེད་དུས་ནས་བསགས་པའི་ལས།།
བསྐལ་པ་བརྒྱར་ཡང་ཆུད་མི་ཟ།།
ཏ་ལའི་ཤིང་འབྲས་སྟོང་ཕྲག་ལོར།།
སྐམ་ཡང་རླན་དང་འཕྲད་ན་སྐྱེ།།

原初所积之业果，

历经百劫亦难除。

枯死千年贝叶树，

遇水便能发新芽。

17

ས་བོན་ཆུང་སྐྱིན་ཏྲ་གྲོ་དྷའི། །
ཡལ་འདབ་རྒྱས་པས་རྒྱང་གྲགས་ཁེབས། །
ཁམ་གཅིག་ཟས་ཀྱི་སྦྱིན་པས་ཀྱང་། །
འབྲས་བུ་འཁོར་ལོས་བསྒྱུར་བ་འཐོབ། །

多足树虽种粒小，
枝繁叶茂遮大地。
虽然施舍一口粮，
却得法轮王果报。

18

རྣམ་བཀྲ་སྲིད་པའི་འཁོར་ལོ་འདིར།།
དོན་ལྡན་སྙིང་པོ་འགའ་མ་མཆིས།།
ཆུ་ཤིང་རློན་པའི་སྡོང་པོ་ལ།།
ཆེ་རྩེ་ཀུན་ན་སྙིང་པོ་མེད།།

人间花花之世界，
有益事物无几多。
被水浸泡之树木，
从头至尾皆腐烂。

19

སྡོན་ཤིང་ལོ་བརྒྱར་སྐྱེས་པ་ཡང་།།
ནམ་ཞིག་ཚེ་ན་འགྱེལ་བར་འགྱུར།།
སྲིད་པའི་རྩེ་མོར་ཕྱིན་ནས་ནི།།
སླར་ཡང་མི་བཟད་ངན་འགྲོར་འགྲོ།།

即使百年之老树，
有朝一日亦会倒。
即便抵达三世顶，
亦会堕入恶趣中。

20

བུར་ཤིང་ཁུ་བས་རབ་བསྒོམས་ན།།
ཏིག་ཏའི་ཁ་བ་སེལ་བར་ནུས།།
ལམ་གྱི་བདེན་པ་རབ་གོམས་པས།།
སྡུག་བསྔལ་རྩ་བ་ཀུན་འབྱུང་སྤོང་།།

常品甘蔗之甜美，
便会遮去蒂丁苦。
如若惯行正法路，
便会根除世间苦。

21

ཀ་གདུང་ལྕམ་དང་དྲལ་མ་རྣམས། །
ཚོགས་པས་ཡིད་འོང་ལྡིང་ཁང་སྐྱེ། །
ལྷག་པའི་བསླབ་པ་གསུམ་ཚོགས་པས། །
ཐར་པ་དམ་པའི་ཁང་བཟང་འགྲུབ། །

大梁柱子及椽檩，
筑起称心之屋舍。
若依三学之精进，
可造解脱之广厦。

22

ཛཧྣུའི་ས་བོན་དེའི་ས་བོན།།
གཞན་ལས་སྐྱེ་ཕྱིར་ཐོག་མ་མེད།།
མཐའ་མེད་འཁོར་བར་སྐྱེས་པ་ན།།
ཕ་མར་མ་གྱུར་སུ་ཞིག་ཡོད།།

优昙种子之种子，
最初寄生于它树。
历经无数轮回后，
有谁未曾成父母？

23

རྟ་གླང་བརྒྱ་ཡི་ཁུར་ལྕི་བ།།
ཤིང་རྟ་ཆེན་པོ་གཅིག་གིས་འདྲེན།།
ཉན་རང་ཀུན་གྱིས་མ་ལོངས་པའི།།
ཁུར་དེ་རྒྱལ་སྲས་ཕྲག་ན་མཛེས།།

一百牛马所驮物，

一驾马车便可载。

徒众难挑之担子，

王子肩上多悠哉。

24

ཤིང་གཞན་འབྲས་བུ་བླངས་པས་འཛད།།
དཔག་བསམ་ཤིང་འབྲས་ཟད་པ་མེད།།
དགེ་བ་གཞན་འབྲས་སྨྱུད་པས་འཛད།།
བྱང་ཆུབ་སེམས་དགེ་ཕྱིར་ཞིང་འཕེལ།།

它树之果皆会尽，
如意树果永不竭。
他善之妙皆会尽，
菩提妙果永不竭。

25

ཡོངས་སྨིན་འབྲས་བུས་སྤྱ་བ་ཡི།།
ཀང་འཕྲུང་དེ་ལ་སྐྱེ་བོ་འདུ།།
འཇུང་མེད་གཏོང་བའི་དཔལ་ཡོན་ཅན།།
དེ་ཡིས་སྐྱེ་དགུའི་རེ་བ་སྐོང་།།

硕果累累大树下，
总有众人齐聚集。
乐于布施富贵者，
满足众生之所愿。

26

མངོན་པར་མཐོ་དང་ངེས་ལེགས་ཀྱི། །
རྩ་བ་ཚུལ་ཁྲིམས་ལས་གཞན་མེད། །
ཡལ་འདབ་གཡུར་དུ་ཟ་བ་ཡི། །
རྩ་བ་སྡོང་བུ་ཉག་གཅིག་ཡིན། །

永久安乐之根本，

除却戒律无他法。

果实累累之树木，

全靠壮硕之树干。

27

ཚེར་མ་ཟུག་པའི་ལན་དུ་སྤར། །
ཁུ་ཚུར་བརྡེག་པ་བཞད་གད་རྒྱུ། །
གནོད་བྱེད་ལ་ཡང་སྤར་ཁྲོ་བ། །
རང་ཉིད་ཉམས་པའི་རྒྱུ་རུ་ཟད། །

以拳回击荆棘树，
会成无知之笑谈。
以怒对抗强暴者，
只能吃亏在眼前。

28

རྒྱུ་དུས་བརྩོན་པ་མ་བཏང་ན།།
འབྲས་དུས་ཡོན་ཏན་ཐམས་ཅད་སྐྱེ།།
རྩ་བ་རླན་དང་མ་བྲལ་ན།།
རྩེ་མོར་ལོ་འབྲས་སྨིན་པར་འགྱུར།།

少壮之时多努力，
成熟时刻必博学。
树根时时有潮暖，
树冠枝头满硕果。

29

སྡོང་པོ་རླུང་གིས་ཆེར་བསྐྱོད་ན། །
འབྲས་བུ་ས་ལ་འབྲུལ་བ་ལྟར། །
བྱིང་རྒོད་གཡེང་བས་རབ་གཡོས་པས། །
ཏིང་འཛིན་དམིགས་པ་སྟོར་བར་བྱེད། །

树冠总遭劲风吹，
果实便会落满地。
心绪慌乱总不宁，
便会殃及入禅定。

30

བསམ་གཏན་རྣམ་པར་དག་པ་ལས།།
མངོན་ཤེས་ལ་སོགས་ཡོན་ཏན་འབྱུང་།།
སྡོང་བུ་ཉམས་པ་མེད་གྱུར་ན།།
མེ་ཏོག་གི་སར་མགོ་ལྡོག་ལྡེམ།།

只要心智得清净，
便能获取先知境。
只要树干不干枯，
花蕊便会满枝头。

31

ཤིང་གི་རལ་གྲི་གཡུལ་གྱི་ངོར།།
འཁྱུ་བ་དགྲ་ཡི་དགའ་སྟོན་ཡིན།།
ལྟར་སྣང་ཉི་ཚེའི་ལྟ་བ་ཡིས།།
སྲིད་རྩ་གཅོད་འདོད་ཀྱི་ཧུད་མཚར།།

手持木剑赴沙场，
反成敌人之美餐。
心怀偏执之见者，
欲断尘缘是奇迹。

32

ཧ་རི་ཙནྡན་བཟང་པོ་ཡིས།།
ལུས་ཀྱི་ཚ་གདུང་སེལ་བར་བྱེད།།
སྙིང་རྗེའི་བཅུད་ལྡན་ལྷ་བ་ཡིས།།
དུག་གསུམ་ནད་བརྒྱ་དྲུངས་ནས་འབྱིན།།

栖于檀树良木下，

会使燥热成清凉。

感同慈悲心怀间，

三毒百病皆根除。

33

ཤིང་ལས་སྐྱེས་པའི་སྲིན་བུ་ཡིས།།
ཤིང་དེ་ཟད་པར་བྱེད་པ་བཞིན།།
འདོད་ཆགས་ལས་སྐྱེས་ཡེ་ཤེས་ཀྱིས།།
འདོད་ཆགས་ཉེས་པ་ཞི་བར་བྱེད།།

寄生树上之小虫，
最终却使树枯死。
贪欲所生之智巧，
却将贪欲来滋长。

34

ཤིང་སྐྱུ་ཆྭན་གྱིས་ཟིན་པ་ལས།།
བཻཌཱུར་མདངས་སུ་འཕོ་བ་ལྟར།།
ཐ་མལ་སྣང་བ་འོད་གསལ་གྱིས།།
སྦྱངས་ཏེ་དག་པའི་ལྷ་སྐུར་ལྡང་།།

朽木一经水滋润，
发出琉璃之光泽。
贱者一经阳光照，
居然叫板佛塑身。

35

ཡལ་འདབ་ཡོངས་སུ་རྫོགས་པ་ཡི། །
ལྗོན་པའི་གྲིབ་མ་ཀུན་ཏུ་བསིལ། །
ཡོན་ཏན་མ་ལུས་རྫོགས་པ་ཡི། །
རྒྱལ་བ་སྐྱེ་དགུའི་མགོན་དུ་གྱུར། །

枝叶繁茂之树木，
遮出清凉之树荫。
智慧饱学之法王，
成为众生之怙主。

36

དེ་ལྟར་ཤིང་གི་བསྟན་བཅོས་ལས།།
ཆོས་ཀྱི་ལམ་བསྟན་སཀ་སྟེ།།
ད་ནི་འཇིག་རྟེན་ཚུལ་ལུགས་འགའ།།
བཤད་དོ་རྣ་བ་ལྷགས་ཏེ་ཉོན།།

如此前述木格言，
乃为指明法之道。
如下将述世间理，
且来侧耳细细听！

37

ཆོས་ལྡན་རྒྱལ་པོའི་གཟི་བྱིན་གྱིས།།
དགྲ་སྡེ་རྣམས་ཀུང་དབང་དུ་འདུ།།
མ་ལ་ཡར་སྐྱེས་དྲི་བསུང་དེ།།
བུང་བ་འགུགས་པའི་ཕོ་ཉ་ཡིན།།

法王依着自身威，
一举统领敌部族。
香山旃檀木芬芳，
乃是招蜂之使者。

38

རྒྱལ་ངན་ཆབ་འབངས་གཟིར་བ་དེར།།
ནམ་ཞིག་གཡོག་ཀྱང་འཁོར་མི་འགྱུར།།
སྲན་ཕུང་དབྱུག་པས་གཏོར་ན་ཡང་།།
དབྱུག་པའི་ངོས་ལ་འབྱར་མི་སྲིད།།

对民残酷之劣王，
他日仆人亦尽失。
若以木棍搅豆粒，
无有豆粒粘木棍。

39

བློན་དང་འབངས་ཀྱིས་མ་བཀུར་ན།།
རྒྱལ་པོ་ཆེན་པོ་ཇི་ལྟར་གནས།།
གདུང་མ་ཀ་བས་མ་བཏེགས་ན།།
རྒྱལ་པོའི་ཕོ་བྲང་གང་ནས་འབྱུང་།།

国王若失臣民敬，
何以端坐王座上？
横椽若无柱子顶，
辉煌王宫何以建？

40

རྗེ་དཔོན་བཟང་པོའི་བཀའ་དྲིན་གྱིས།།
གཡོག་འཁོར་མངའ་ཐང་དར་བར་འགྱུར།།
ལྗོན་པ་ཆེ་ལ་བརྟེན་པ་ཡིས།།
འཁྲི་ཤིང་རྩེ་མོ་དགུང་ལ་བསླེགས།།

良善君王施隆恩，
方使臣民得安康。
依着高耸之大树，
藤木攀缘上青天。

41

ཚེར་མའི་ཤིང་ལ་བརྟེན་བྱས་ན། །
གཟན་དུ་ཟུག་པའི་སྡུག་བསྔལ་སྐྱེ། །
སྐྱེ་བོ་ངན་ལ་བརྟེན་བྱས་ཀྱང་། །
ཕྱི་ཕྱིར་སྡུག་བསྔལ་འབའ་ཞིག་བསྐྱེད། །

若去攀缘荆棘树，

定遭刺扎之伤痛，

如若依靠顽劣者，

终将遭遇诸痛苦。

42

ཆབ་འབངས་བདེ་སྐྱིད་རྒྱས་པ་དེ།།
རྗེ་དཔོན་ཉིད་ཀྱི་ཆེ་བའི་རྟགས།།
རབ་རྒྱས་ཡལ་གའི་ཁྱོན་ཡངས་པ།།
སྡོང་པོ་རྩ་བའི་མཛེས་རྒྱན་ཡིན།།

臣民幸福且欢乐，
君王伟大之标志。
大树枝繁又叶茂，
乃是根系之美饰。

43

གཡོག་འཁོར་རྒུད་པའི་སྤྱི་དཔོན་དེ།།
རང་ཉིད་འབྱོར་ཡང་ངོ་ཚའི་རྒྱུ།།
སྡོང་པོ་ཅི་ཙམ་སྦོམ་ན་ཡང་།།
ཡལ་འདབ་མེད་ན་གཅེར་བུ་ཡིན།།

臣民衰微之长官，
自身富裕是耻辱。
大树自身再粗壮，
无有枝叶如裸体。

44

སྡོང་རུལ་རྩ་བར་གནས་པའི་མི།།
ཉིན་མཚན་ཀུན་ཏུ་བག་ཕེབས་བྲལ།།
གཙོ་བོ་ངན་པའི་གཡོག་འཁོར་ཡང་།།
རྟག་ཏུ་སེམས་ཁྲལ་གདུང་བས་གཟིར།།

依在腐朽树干上，
昼夜难有安然时。
恶宦属下之臣民，
时时煎熬苦心智。

45

དཔོན་ངན་གཡོག་འཁོར་འབྲོས་ན་ཡང་། །
སྐྱེ་དཔོན་བཟང་པོས་བསྐྲད་ཀྱང་འདུ། །
ཚེར་ཤིང་འཐོར་བའི་བུ་མ་ར། །
ཙུ་ཏའི་ཤིང་ལས་བསྐྲད་ཀྱང་འཁོར། །

恶宦奴仆常逃窜，
清官臣民赶不走。
远离荆棘之蜜蜂，
围在杧果树身边。

46

རྗེ་དཔོན་གསར་ཚེ་བྱམས་བྱེད་ཀྱང་།།
ཕྱི་ནས་བསྒྲུབ་དཀའི་དཔྱ་ཁྲལ་འབེབ།།
ཤིང་ལ་ཆར་སྐྱོབ་བྱེད་མོད་ཀྱང་།།
རྗེས་སུ་ཐིགས་ཕྲེང་ལྷི་བར་འབབ།།

新官曾施小恩惠，
不久便施重捐税。
树下暂且能躲雨，
继而水珠落满身。

47

ལྗོན་པའི་གྲིབ་བསིལ་ཀུན་ལ་སྙོམས།།
ཉི་ཟླའི་སྣང་བ་ཀུན་ལ་སྙོམས།།
སྤྲིན་གྱི་ཆུ་ཆར་ཀུན་ལ་སྙོམས།།
རྒྱལ་པོའི་བཀའ་ཁྲིམས་ཀུན་ལ་སྙོམས།།

大树凉荫同待众，
日月光辉同待众，
密云雨水同待众，
君王法令同待众。

48

གཙོ་བོ་བཟང་ཡང་འཁོར་ངན་ན།།
དེ་ཡི་དྲུང་དུ་བསྟེན་པར་དཀའ།།
གདུག་པའི་སྦྲུལ་གྱིས་དཀྲིས་པ་ཡི།།
ཙནྡན་ལྗོན་པ་སུ་ཡིས་བརྟེན།།

君王虽好使奸臣，
亦难服侍于君前。
毒蛇缠绕檀香木，
有谁敢依树下站？

49

ཕྱི་ནང་སྨིན་དང་མ་སྨིན་པའི། །
ཨ་མྲའི་འབྲས་བུ་རིགས་བཞིར་གསུངས། །
མི་ཡང་སེམས་དང་སྤྱོད་པ་གཉིས། །
དག་དང་མི་དག་དབྱེ་བ་མང་། །

或生或熟之芒果，
据说可以分四等。
人之思想与行为，
或净或浊分多种。

50

མཁས་པ་ཡོན་ཏན་ཀུན་ལྡན་དེ།།
རློམ་སེམས་མེད་པར་ཞི་ཞིང་དུལ།།
སྨེ་མའི་ཁུར་གྱིས་བཛེད་པ་ཡི།།
ལྗོན་ཤིང་ཆེ་མོ་དུད་དེ་གནས།།

智者虽然饱学识，
却无傲慢反谦逊。
大树累累之果实，
总是低垂在枝头。

51

ཡོན་ཏན་མེད་པའི་སྐྱེ་བོ་དེ། །
ང་རྒྱལ་མགོ་འཕང་ཅི་ལས་མཐོ། །
འབྲས་བུའི་བཅུད་ཀྱིས་མ་བཟུང་བའི། །
ལྗོན་པ་རེངས་པ་ཆོས་ཉིད་ཡིན། །

不学无术之恶徒，

傲慢头颅高高扬。

不长果实之劣木，

树干僵直显本性。

52

ལྷན་སྐྱེས་ཡོན་ཏན་མེད་གྱུར་ན།།
ཕྱི་ཚུལ་བཅོས་པས་ཅི་ལ་ཕན།།
ཡལ་འདབ་མེད་པའི་ཤིང་སྐམ་དེར།།
ཅོད་པན་བཏགས་ཀྱང་ག་ལ་མཛེས།།

若无俱生之学识，
装模作样有何益？
没有枝叶之枯树，
饰以宝冠有何美？

53

བསླབ་སྦྱོང་དུས་ན་གཡེལ་བ་དེས།།
མཁས་འདོད་རེ་བ་འབྲས་མེད་ཡིན།།
མེ་ཏོག་སད་ཀྱིས་ཁྱེར་བ་ཡི།།
ཤིང་ལ་འབྲས་བུའི་རེ་བ་མེད།།

修习不勤爱偷懒，
欲成智者是妄想。
被霜摧残之花朵，
欲结果实是枉然。

54

བློ་གྲོས་རྩལ་དང་མི་ལྡན་ན།།
གོ་ས་མཐོ་ཡང་ཁྲེལ་བའི་གཞི།།
ཤིང་ལས་བྱས་པའི་སེང་གེ་དེ།།
འཇིགས་འཇིགས་འདྲ་ཡང་ཡང་སྙིང་པོ་མེད།།

若无智慧与技艺，
居高亦会成笑谈。
木头所成之雄狮，
看似可怖无价值。

55

དྲི་ཞིམ་བསུང་དང་མི་ལྡན་ན། །
ཙནྡན་ཡིན་ཞེས་སྨྲས་ཀྱང་རྫུན། །
དམ་པའི་ཚུལ་དང་མི་མཐུན་ན། །
དམ་པར་ཁས་འཆེ་དོན་དང་བྲལ། །

若无芬芳之香气，
自诩檀香是谎言。
若无圣贤之言行，
自称圣贤无意义。

56

དམན་པ་རྒྱལ་སར་བཏོན་ན་ཡང་།།
མ་རབས་སྤྱོད་པའི་རྗེས་སུ་འཇུག།
ཆུ་ཤིང་གྱེན་དུ་སྐྱེས་ན་ཡང་།།
འདབ་མ་ཐུར་དུ་འཕྱང་བར་འགྱུར།།

恶徒即便登高位，
低劣恶习难更改。
水柽即便向上生，
枝叶总是往下垂。

57

ཨ་གར་དུམ་བུ་བརྒྱར་གཏུབས་ཀྱང་། །
ལྷན་སྐྱེས་དྲི་བཟང་མི་གཏོང་ལྟར། །
དམ་པ་ཅི་ཙམ་རྒུད་ན་ཡང་། །
བཟང་པོའི་རང་བཞིན་ག་ལ་འདོར། །

沉香即便砍成段，
天然芬芳却依然。
君子即便遭厄运，
善良本性岂会失？

58

ཤུག་པའི་ལོ་མ་མེར་བཙུག་ན།།
ལྷག་པར་དྲི་བཟང་རྒྱས་པ་བཞིན།།
དམ་པ་རྣམས་ལ་གནོད་བྱས་པས།།
ཕྱིར་ཞིང་དེ་ཡི་ཆེ་བ་འདོན།།

柏树枝叶投火中，
郁郁芬芳更浓烈。
君子如若遭迫害，
纯洁品格更高尚。

59

དམ་པ་དབེན་པར་གནས་ན་ཡང་། །
གྲགས་སྙན་ལྷ་ཡིས་སྒྲོག་པར་བྱེད། །
ལྷོ་ཡི་རི་ལས་སྐྱེས་པ་ཡི། །
ཙནྡན་དྲི་བསུང་རླུང་གིས་འཁྱེད། །

君子居于寂静处，
声誉却被神传播。
生于南山檀香木，
芬芳却被风吹来。

60

འཁྱོགས་པའི་ཤིང་དེ་བསྲངས་ན་ཡང་།།
རླན་དང་འཕྲད་ཚེ་ཡ་ཡོར་འགྱུར།།
རང་བཞིན་ངན་པ་བཅོས་ན་ཡང་།།
རྐྱེན་དང་འཕྲད་ཚེ་རང་མཚང་སྟོན།།

弯木即便被弄直，
遇水即刻变弯曲。
恶人即便被改造，
遇事即刻现原形。

61

གླེན་ཆུང་རང་བཞིན་ངན་པ་ལ། །
ཡོན་ཏན་ཡོད་ཀྱང་ཕན་མི་ཐོགས། །
རྩ་བ་དུག་ཏུ་གནས་པ་ཡི། །
མེ་ཏོག་མཛེས་ཀྱང་སུ་ལ་མཁོ། །

愚痴且又本性恶，

纵有学识亦无用。

根植毒物恶之花，

鲜艳无比谁问津？

62

ཙནྡན་ཤུག་པའི་ཀ་བ་གཉིས།།
གདུང་མ་འདེགས་པའི་ནུས་པ་མཚུངས།།
སྙིང་སྟོབས་ལྡན་ན་དབུལ་ཕྱུག་གཉིས།།
བྱ་བ་བྱེད་པའི་དུས་སུ་འདྲ།།

檀香柏树做立柱，
皆能撑架起房梁。
若靠不懈之毅力，
不分贫富皆成才。

63

ལོངས་སྤྱོད་མངའ་ཐང་མཉམ་ན་ཡང་།།
བཟང་ངན་ལས་ལ་སྦྱར་ན་ཤེས།།
ཕྲ་སྦོམ་མཉམ་ཡང་ཆུར་འཕངས་ན།།
ཤིང་གི་མགོ་མཇུག་ཤེས་པར་ནུས།།

福分运势虽一样，
遇事便能分优劣。
粗细一致之树木，
入水便知冠与根。

64

མཁས་པའི་སྐྱེ་བོ་ཡུལ་གཞན་དུ།།
ཕྱིན་ཞིང་ཀུན་གྱིས་བཀུར་བར་འགྱུར།།
ནགས་སུ་སྐྱེས་པའི་ཤིང་གིས་ནི།།
གཞན་དུ་ཤིང་གི་བྱ་བ་བྱེད།།

智者即便到他处，
依然广受人敬仰。
森林深处之树木，
砍倒亦能站成树。

65

ཤིང་བལ་རླུང་གིས་བདས་པ་དེ། །
རི་རྩེར་མི་སྡོད་གཤོང་དུ་ཆགས། །
བློ་ཆུང་ཕྱོགས་མཐར་འཁྱམས་འཁྱམས་ནས། །
མཐའ་མར་རྒུད་པའི་གནས་སུ་ལྷུང་། །

柳絮一经风吹拂，
便从山顶到洼地。
愚者流落在四方，
最终陷入衰败中。

66

སྐྱོན་གྱིས་གོས་པ་ཆེས་སླ་སྟེ། །
ཡོན་ཏན་སློབ་པ་དེ་ལྟ་མིན། །
ཤིང་ལ་མེ་ལྕེ་མཆེད་སླ་ཡང་། །
ཆུ་བོ་སོ་སོར་འགྱེས་པར་དཀའ། །

沾染恶习极容易，

研习学问却不然。

枯树极易起火苗，

却难将水分两边。

67

མ་རབས་སྐྱེ་བོ་གཉིས་འགྲོགས་ན། །
ཕྱུགས་སུ་རང་གཞན་གཉིས་ཀ་འཕུང་། །
གཙུབ་ཤིང་ཟུང་དུ་བརྡར་བ་ཡིས། །
མཇུག་ཏུ་གཉིས་ཀ་སྲེག་པར་བྱེད། །

低贱愚者双人行，

两败俱伤遭厄运。

若将糙木相摩擦，

最终起火成灰烬。

68

ཕུན་སུམ་ཚོགས་པའི་ལྗོན་པ་ཡང་།།
ཆུ་དང་འགྲོགས་ན་རྩ་བ་འབྱིན།།
ཡ་རབས་ཡོན་ཏན་ལྡན་པ་ཡང་།།
གྲོགས་པོ་ངན་པས་ཉམས་པར་བྱེད།།

生机盎然之树木，
遇水亦会露根系。
君子虽然品行高，
交往不良毁声誉。

69

འབྲས་ལྡན་ཤིང་གཉིས་སྦྱར་བ་ལས།།
འབྲས་བུ་ཕུང་གསུམ་འབྱུང་བ་ལྟར།།
བློ་དང་ལྡན་པ་གཉིས་འགྲོགས་ན།།
སྔོན་མེད་ལེགས་པའི་བློ་གྲོས་སྐྱེ།།

两种果木相嫁接，
结出优异之果实。
两位君子相交往，
生出前无之智慧。

70

ལྗོན་པའི་གྲིབ་བསིལ་བསྟེན་པ་ཡི།།
གླང་པོས་ཤིང་གི་རྩ་བ་འབྱིན།།
གཡོག་འཁོར་ངན་པ་བསྟེན་པ་ཡིས།།
ལེགས་བྱས་རྩ་བ་ཉམས་པར་བྱེད།།

只因树下有绿荫，
却遭猛象连根拔。
依靠不良之部众，
善业亦会遭败坏。

71

ཤིང་སྡོང་གཙུག་གིས་བཀུར་བ་ཡི། །
འདབ་ཆགས་འགྲོ་ཚེ་བྱ་ཐལ་གཏོང་། །
གྲོགས་ངན་པ་བརྟེན་ན་ཡང་། །
ནམ་ཞིག་རྗེས་ངན་བཞག་ནས་འགྲོ། །

容忍小鸟落树冠，
飞走会将鸟粪留。
如若宽容不良友，
不日亦把陋习剩。

72

ངན་པར་ཅི་ཙམ་ཕན་བཏགས་ཀྱང་།།
ལན་དུ་ཕན་པའི་རེ་བ་མེད།།
ཤིང་གིས་རྟག་ཏུ་མེ་གསོས་ཀྱང་།
མེ་ཡིས་དེ་ཉིད་ཐལ་བར་བྱེད།།

恶人即便常善待，
亦无知恩图报心。
树木常使大火旺，
大火使木成灰烬。

73

བློ་དང་མཐུ་ལྡན་རེ་རེས་ཀྱང་། །
མཆོག་དམན་ཀུན་གྱི་དགོས་པ་བསྒྲུབ། །
འོད་མའི་གནམ་ཏུ་གཅིག་གིས་ཀྱང་། །
ཉག་ཕྲན་སྟོང་གི་བྱ་བ་བྱེད། །

贤君只需有一人，
贵贱众人便得福。
一把竹制之弯弓，
射出利箭千百支。

74

ལོངས་སྤྱོད་དཔལ་དང་མི་ལྡན་ན།།
རིགས་རུས་མཐོ་ཡང་དགོས་པ་ཆུང་།།
དགོས་པའི་གྲིབ་བསིལ་མེད་གྱུར་ཚེ།།
རྩེ་མོ་མཐོ་བས་ཅི་ལ་ཕན།།

若无享乐之福运，
骨系高贵亦无用。
若无遮阴之树冠，
枝干再高有何用？

75

ཐོག་མ་བསོད་ནམས་མེད་གྱུར་ན། །
བསགས་པས་དབུལ་བ་མི་སེལ་ཏེ། །
སྡོང་པོ་རྨན་དང་བྲལ་བ་ལ། །
ཡལ་གར་ཆུ་བོས་བླུགས་ཀྱང་ཅི། །

若无原初之福运，
积德亦难除贫困。
树木若无水滋养，
枝头洒水有何用？

76

བུན་དང་སྐྱེད་ཀྱིས་ནོར་སྤེལ་བར།།
འདོད་ཀྱང་རྩ་བ་སྟོར་བ་མང་།།
ཤིང་སྐྱེས་བཅད་ནས་ས་གཞན་དུ།།
བཙུགས་པ་ཕལ་ཆེར་སྐམ་པར་འགྱུར།།

欲靠借债谋富裕，
最终愿望变成空。
斩断树木挪他处，
最终枝叶皆枯死。

77

གཡང་ས་མཐོན་པོར་སྐྱེས་པ་ཡི། །
ས་ཧ་ཀཱ་རའི་འབྲས་བུ་བཞིན། །
རང་གཞན་གང་ལའང་མི་ཕན་པའི། །
ལོངས་སྤྱོད་ཆེ་དེ་ལྟ་བ་ཡིན། །

如同悬崖峭壁间，
所生萨哈嘎然果。
无尽财富之受用，
对人对己均无益。

78

ལོངས་སྤྱོད་སྤེལ་བར་འདོད་པ་ཡིས།།
ཆ་ཤས་གཏོང་བ་མན་ངག་སྟེ།།
ལྗོན་ཤིང་ཡལ་ག་རྒྱས་འདོད་ན།།
རྩེ་མོ་འབྲེག་པ་ཐབས་སུ་བཟང་།།

欲使财富得旺盛，

施舍财物是秘诀。

若想树木多繁茂，

修剪树枝是妙方。

79

དམན་པས་བསགས་ཀྱང་མི་འགྲུབ་ལ། །
བསོད་ནམས་ལྡན་པས་བཏང་ཡང་འབྱོར། །
རླན་སར་བཅད་ཀྱང་སྐྱེ་བའི་ཤིང་། །
སྐམ་སར་བཙུགས་ཀྱང་ག་ལ་སྐྱེ། །

贵者施舍亦聚财，
贱者积德却成空。
湿地树木伐又生，
荒野植树如何长？

80

ལམ་ཁའི་ཤིང་གི་འབྲས་བུ་དེ། །
བྱིས་པའི་རྡོ་ཆར་འབེབས་པའི་རྒྱུ། །
བདག་པོ་ངན་པའི་ལོངས་སྤྱོད་ཀྱང་། །
ཕལ་ཆེར་དགྲ་ཡི་གཡབ་མོ་ཡིན། །

路边树上之果实，
常遭顽童投石击。
邪恶主人之财富，
总向窃贼在招手。

81

བསོད་ནམས་དམན་པའི་སྐྱེས་བུ་དེར།།
དཔལ་འབྱོར་བྱུང་ན་སྲོག་ཀྱང་བརླག།
སྨྱུག་མའི་ཤིང་གི་རྩེ་མོ་ལ།།
འབྲས་བུ་ཆགས་པ་ཉམས་པའི་ལྟས།།

福运浅薄之小人，

见到财富敢拼命。

竹子枝头若开花，

便是死亡之预兆。

82

བུར་ཤིང་གཅོད་པ་རོ་ཡི་ཕྱིར།།
ཝ་སྐྱེས་གསོད་པ་པགས་པའི་སླད།།
དོན་མཐུན་འཛོམས་པ་ནོར་གྱི་དོན།།
རྒྱལ་པོར་རྐོལ་བ་འབངས་ཀྱི་ཆེད།།

甘蔗味甜遭刀砍，
狐狸皮美丢性命。
同伙反目为财宝，
平民反戈弑君王。

83

ཤིང་ལ་ཐོག་མར་ཐིག་འདེབས་ཀྱི། །
དྲས་ཤིང་གཏུབས་ནས་བསྒྱུར་དུ་མེད། །
བྱ་བའི་ཐོག་མར་བསམ་དགོས་ཀྱི། །
རྗེས་ནས་འགྱོད་བཅལ་ལྐུན་པོའི་རྟགས། །

木材标好墨线后，
或锯或砍皆依此。
凡事深思熟虑后，
再去后悔是傻瓜。

84

སྐབས་ལེགས་ཙམ་གྱིས་དོན་གྲུབ་ཀྱང་།།
བློ་དང་ལྡན་པར་སུ་ཞིག་རློམས།།
ལོ་མ་འཁྱུམ་ནས་ཉལ་བའི་ཤིང་།།
སེམས་ལྡན་བསྒྲུབ་པ་མུ་སྟེགས་ལུགས།།

依着运气成就事，

谁还愿意靠智慧？

以枯妄断树已死，

不过外道之浅见。

85

སྲང་མདོར་ལོ་འདབ་ཉལ་ཉིལ་དུ། །
གནས་པའི་ཤིང་དེ་ཀུན་གྱིས་བརྫི། །
དོན་མེད་འཚོལ་བའི་གཏམ་མང་བའི། །
མི་དེ་ཀུན་ལ་ངོ་ཐང་ཆུང་། །

路上枯烂之落叶，
途径路人皆践踏。
遇事信口雌黄者，
难得众人之尊重。

86

མི་ངན་བྱས་པ་ཆུང་ན་ཡང་།།
དྲིན་ཆེའི་ཡུས་ཀྱིས་རྣ་བ་འགེམས།།
ཤུད་ཤིང་སྣོན་པ་མི་ཆུང་ཡང་།།
དུད་པ་ནག་པོས་ཚང་མང་འགེངས།།

做了一桩小事情，
贱者自夸满耳畔。
潮湿木材燃小火，
黑烟滚滚满屋堂。

87

ཤིང་ལ་ལན་ཅིག་སྦྲུལ་གནས་དེ།།
ཕྱིས་ཀྱང་མཐོང་ཚེ་འཇིགས་པ་ལྟར།།
རྐུ་དང་རྫུན་ལ་གཅིག་ཞུགས་པའི།།
མི་དེར་རྟག་ཏུ་དོགས་པ་སྐྱེ།།

树木曾遭蛇盘踞，
再见此树会后怕。
曾行盗窃说谎者，
再遇此人仍提防。

88

ཚོར་མ་རྣོ་ཡང་བྲག་རི་ལ།།
བསྣུན་ན་རྩེ་མོ་འཛིལ་བར་བྱེད།།
སྐྱེས་བུ་དམ་པར་ཕྲག་དོག་གིས།།
སྨོད་པ་རང་གི་དམའ་འབེབས་ཡིན།།

树上毒刺再尖利，
刺向岩石毁自己。
嫉妒良善之君子，
恰似自取自之辱。

89

གནས་མིན་ལ་ཡང་དུལ་ཆེས་ན། །
སྙིགས་མའི་དུས་འདིར་ཀུན་གྱིས་བརྙས། །
ཤིང་བལ་འཇམ་མོ་འཇམ་མོ་ཞེས། །
ཀུན་གྱི་གདན་དུ་མི་བྱེད་དམ། །

不分场合显懦弱，
末劫时代遭人欺。
木棉柔软又温暖，
所以被人坐臀下。

90

ཤིང་སྐྱེས་དྲང་པོ་མཛེས་ན་ཡང་།།
སྒ་ཤིང་འཁྱོག་པོ་ཅི་ལས་བཟང་།།
རང་བཞིན་དྲང་ན་བཟང་མོད་ཀྱང་།།
རེས་འགའ་ལྷེམ་པོ་རྒྱལ་བར་གསུངས།།

树木端直虽然好，
制作鞍具须弯木。
性格耿直虽然好，
偶尔也须要柔和。

91

མདེའུ་མེད་པའི་མདའ་འཕེན་པ།།
དགྲ་བོ་སྤྱུན་འདྲེན་ཕོ་ཉ་ཡིན།།
དགྲ་བོ་འཇོམས་པའི་མཐུ་མེད་ན།།
དོན་མེད་དཔའ་སྐད་ཅི་ལ་སྒྲ།།

射出无镞之木箭，
等同遣使迎敌来，
若无灭敌之神通，
无端叫嚣为哪般？

92

གཉེན་ལ་ཧ་ཅང་བྱམས་པ་ཡང་།།
འཁོན་གྱི་རྒྱུ་རུ་འགྲོ་བ་མང་།།
བུར་ཤིང་མངར་མོ་སྤྱོད་ཆེས་ན།།
མ་ཞུས་སྐྱིགས་པ་སྐྱུར་མོ་འབྱུང་།།

慈悲无度待亲友，

反而促成怨之因。

如若甘蔗食过量，

消化不良吐酸水。

93

ཤིང་དགྲ་སྟ་རེ་ཡིན་མོད་ཀྱང་། །
དེ་ཡི་ཡུ་བ་ཤིང་གིས་བྱེད། །
དགྲ་ཡིས་བརྩམས་པའི་ཕུང་ཁྲོལ་ཀྱང་། །
ཕལ་ཆེར་རྩ་བ་གཉེན་གྱིས་བྱས། །

铁斧本是木之敌，
斧柄却系木所制。
危及自身之祸根，
多是身边之亲友。

94

སྡོང་པོ་གཅོད་པའི་ཐབས་ཉེས་ན།།
རང་གི་སྟེང་དུ་ལྟུང་བར་འགྱུར།།
དགྲ་ལ་ཧ་ཅང་སྡང་བ་ཡང་།།
རང་གི་གཉེད་དུ་འགྲོ་བ་མང་།།

砍树若无好技法，

亦会倒在己身上。

对敌如若太愤恨，

有时亦会伤己身。

95

ཤིང་སྐམ་དགུག་པར་མི་ནུས་དེ། །
རླན་གྱིས་བགོས་ན་ལས་སུ་རུང་། །
དགྲ་བོ་མི་བསྲུན་སེམས་ལྡན་ཡང་། །
ཐབས་ལ་མཁས་ན་འདུལ་བར་ནུས། །

顽木虽然难砍伐，

经水浸泡变松软。

恶敌虽然难降服，

足智多谋便调伏。

96

ཉི་ཟླས་མི་ཕྱེད་མྱ་ངན་མེད། །
ན་ཆུང་རྐང་གདུབ་རེག་པས་འབྱེད། །
ལེགས་པར་བཤད་ཀྱང་མི་གོ་བའི། །
མ་རབས་ལ་ལ་སྨད་པས་ཐུལ། །

日月难启无忧花，

少年足环触及开。

格言也难启心智，

如此愚者当鄙视。

97

ནགས་ན་གནས་རྣམས་ཁང་བཟང་དང་།།
དེར་གནས་སྐྱིད་མོས་ཚལ་ལ་དགའ།།
འཚོ་བས་དབུལ་བ་རབ་བྱུང་དང་།།
རྒྱགས་པས་སྨྱོས་པ་ཁྱིམ་ལ་སྤྱོགས།།

山野之人喜木屋，
亦爱林间之花园。
生活贫苦是僧人，
温饱才会思故园。

98

ནགས་དེར་སྐྱེས་པའི་སྤྲེའུ་ཡང་།།
འབྲས་བུ་ཟད་ན་གཞན་དུ་འགྲོ།།
རྒྱུད་ཚེ་སྙིང་དུ་སྡུག་པ་ཡི།།
བུ་ཡང་གཞན་གྱི་ཕྱོགས་སུ་འབྲོས།།

生于野林之野猴，

无有野果遁他处。

心爱可人之儿孙，

待尔老时离尔去。

99

ནགས་ཚལ་ཕུན་སུམ་ཚོགས་པ་དེར། །
དོན་མེད་ནམ་མཁའི་བྱ་ཡང་འཁོར། །
གང་ན་བདེ་སྐྱིད་འཛོམས་པ་དེས། །
མ་བསྐུལ་པར་ཡང་སྐྱེ་བོ་འདུ། །

树林如若多物产，

空中鸟儿亦盘旋。

不论何地有安乐，

众人不请也自来。

100

ཤིང་གི་འབྲས་བུ་ལེགས་བསྲུངས་ན། །
ལོ་འདབ་ལ་སོགས་ཞར་ལ་འབྱུང་། །
དམ་པའི་ཆོས་ལ་བརྩོན་བྱས་ན། །
སྲིད་ཀྱི་དཔལ་ཡང་དེ་ཡིས་འགྲུབ། །

呵护树冠之果实，
枝叶亦会极茂盛。
勤勉修习真善法，
国政亦会得昌盛。

101

དེ་ལྟར་ལུགས་གཉིས་བླང་དོར་ཀུན།།
ཤིང་གི་ཁྱད་པར་པོ་ན་ཡིས།།
མཚོན་བྱེད་གཏམ་གྱི་སྦྱོར་བ་འདི།།
སྔོན་མེད་མཁས་པའི་དགའ་སྟོན་ཡིན།།

如此二道之取舍，
仅以树木来比喻，
所写易懂之格言，
前无智者之喜宴。

102

གང་མགྲིན་འོ་མའི་རྒྱ་མཚོ་རུ། །
དབྱངས་ལྡན་ངང་མོ་རྣམ་རོལ་པ། །
དེ་ཡི་ཁ་ལས་ལེགས་བཤད་ཀྱི། །
ཐ་རྙབས་འཁྲི་ཤིང་ཅི་ཡང་གཡོ། །

在其美喉乳海间，
妙韵天鹅在嬉游，
从其神韵之口中，
格言之树如浪涌。

103

གྲགས་སྙན་ནོར་བུའི་ཞགས་པ་ཡིས། །
རྒྱ་བོད་འཛིན་མའི་མཐའ་བཅིངས་པ། །
དཔལ་ལྡན་ས་སྐྱ་པཎྜི་ཏའི། །
ལེགས་བཤད་ལམ་ལ་བརྟེན་པ་ཡིན། །

声誉好似珠宝绳，

系住汉藏之大地，

具德萨迦班智达，

引领格言之坦途。

104

དོན་གྱི་སྒོ་ལྕགས་མཕྱེད་གང་ལ།།
དཔེ་ཡི་ལྡེ་མིག་ཁྲུ་གང་བ།།
དེ་ལྟའི་གཞུང་ཡང་སྣང་མོད་དེ།།
མཁས་བླུན་སུ་ཡི་དབང་དུ་བྱས།།

具意门锁虽未开，
比喻之钥足尺长，
如此典籍虽亦在，
哪位贤愚可掌握？

105

ལུགས་གཉིས་བླང་དོར་ཤེས་འདོད་རྣམས། །
དཔེ་ཡི་སོར་མོ་ཙམ་མིན་པར། །
དོན་གྱི་ཟླ་ཤེལ་ལྟོས་ཤིག་དང་། །
ངོ་མཚར་རི་དྭགས་མཚན་མ་ཡོད། །

欲知二道取舍者，
不单只看其寓意，
请看如月之内涵，
其间便能见兔影。

106

འདིར་འབད་ལེགས་བྱས་ཉུ་གྲོ་ཏའི། །
ས་བོན་སྨིན་པའི་དགེ་མཚན་གྱི། །
ཡལ་ག་ཕྱོགས་བཅུར་རྒྱས་པ་ཡིས། །
འགྲོ་བ་ཀུན་གྱི་དོན་བྱེད་ཤོག། །།

如此格言纳卓达，
花种成熟妙果盛，
枝叶蔓延至十方，
能使众生得实惠。

ཅེས་ལེགས་པར་བཤད་པ་ཤིང་གི་བསྟན་བཅོས་ལུགས་གཉིས་ཡལ་འདབ་བརྒྱ་ལྡན་ཞེས་བྱ་བ་འདི་ནི་མཐོང་སྣང་སྣ་ཚོགས་ཀྱིས་རྐྱེན་བྱས་ཏེ་བཙུན་པ་དཀོན་མཆོག་བསྟན་པའི་སྒྲོན་མེས་ཚྭ་ཆན་སྨན་ཆུར་ཕྱིན་པའི་ལམ་ཁར་གང་དྲན་སུག་བྲིས་སུ་བགྱིས་པའོ། །

《木格言论典·二道具百枝叶百》以诸种见闻为因，系僧侣贡却丹贝仲美在前往擦根药水泉之路途中信手而作。

以上文本根据青海民族出版社 2006 年版《藏族格言大观·木格言篇》译成。